中経の文庫

最高の運命を引き寄せる習慣

はづき虹映

KADOKAWA

▼はじめに

いきなりですが、**「あなたの習慣が、あなたの人生を創っている」**という言葉は真実です。

もし、あなたが今の人生をより豊かに、より幸せな方向に変えたいと願っているのなら、それを現実のものにしてくれる**「最高の運命を引き寄せる習慣」**というものは、確かに存在します。

ここで先に断っておきますが、本書で紹介する「最高の運命を引き寄せる習慣」は、特に目新しいものではありません。一つひとつの習慣は、きっとどこかで聞いたり、読んだりしたことがあるようなものばかりかもしれません。

まるで魔法をかけられたように、一瞬であなたを違う誰かに変身させてしまう……。そんな夢のような習慣を期待している方には申し訳ありませんが、そういう魔法を本書で公開しているワケではありません。

でも、ガッカリしないでください。本書でまとめた習慣の一つひとつは、誰でもできる、本当に簡単な「行動」かもしれませんが、それを「その日」にふさわしい習慣から始めて、キチンと続けてゆけば、**あなたにとって「奇跡」と呼べるような「最高の運命」を引き寄せるだけのパワーをもっている**ことも、また間違いのない事実なのです。

きっと本書を手に取ってくださったあなたは、人生の成功を目指して、真面目に努力し、たくさんの本を読まれて、勉強し続けている向上心にあふれた方だと思います。

しかし、その一方で、「なかなか成功できない……、思ったような効果が出ない……」という悩みも抱えていらっしゃることでしょう。そのお気持ち、よ～くわかります。

いわゆる「成功本」と呼ばれる、成功者が残してくれた「成功するための知恵」をまとめた本の内容は、本当に「そのとおり」なのです。

それらの知恵は、「宇宙の法則」に則っていますから、誰でも「そのとおり」マネし続ければ、成功者と同じ結果がきっと出せるハズです。

そう……、はっきり言って、情報はもう十分なのです。


しかし、成功するための情報は十分にあるのに、実際に成功している人は、相変わらず、ほんの一握りしかいないのは一体、どういうワケなのか、不思議に思ったことはありませんか？　ここに成功するためのポイント、ヒケツが隠されています。

「やったことがいいのは、わかっているけど、できない。続かない……」

これが、あなたが成功できない大きな理由なのではありませんか？


成功者と呼ばれる人は当然、自分が成功した状態から振り返って、「この考え方がよかった」「こういう習慣が効果があった」というふうに答えます。

いわば、自分が山の頂上に立った状態で、ふもとのほうを見下ろし、「こうすればいいよ」と教えてくれているワケです。

もちろん、そのアドバイスはとても貴重で役に立つものですが、これから山に登ろうとして、山を見上げている者にとっては、そのアドバイスは少々「上から目線」で、逆に重荷になってしまっていることも否めません。

「エーッ、そんなに大変なの？」「そんなことまでしないといけないの」「それをずっと続けるの」「とてもじゃないけど、できないよ……」などなど。

これから山に登ろうとする人にとって、それらのアドバイスは、適切であればあるほど、単なる重荷、プレッシャーになってしまっている可能性も否定できません。

もちろん成功者のほうは、プレッシャーを与えるつもりなど、さらさらないのですが、今、立っている場所が全く違うので、それぞれの見ている風景が全然、違うものになっていることにお互いがなかなか気付けないのです。

本書でご紹介する習慣は先述のとおり、一つひとつはそれほど目新しいものではないかもしれません。イエ、誰でも取り組みやすいように、できるだけ奇抜なものは避け、あえて、よく知られている習慣を中心にまとめてみました。

しかし、**本書のポイントは習慣の中身自体にあるのではなく、その順番や構成、編集方法などにあるのです**。

私は21世紀により必要とされる能力は「独創性」や「オリジナリティ」ではなく、**「編集力」**や**「コーディネート力」**だと思っています。

知恵や情報、スキルやテクノロジーはもう十分なのです。そうしたコンテンツはすでに出揃っているので、今さら全く新しいものをワザワザ、ひねり出す必要はありません。「独創性、オリジナリティ、一番」などを競う時代は、もう終わりです。

これからの時代に必要なのは、「組み合わせ」です。

「どうすれば、もっと使いやすくなるのか……」「どう組み合わせれば、より効果を引き出すことができるのか……」という視点です。

それが「編集力」や「コーディネート力」であり、そのセンスがこれからの時代に最も求められるスキルではないかと、私は思っています。

本書もそのスタンスを貫いて書き下ろしています。
「どうすれば、あなたがこの「最高の運命を引き寄せる習慣」を身につけることができるようになるのか」が、私の最大の関心事です。

ぜひ、本書を活用して、あなたも「最高の運命を引き寄せる習慣」を身につけ、人生の「成幸」体験を存分に味わってみてください。
私も最後まで、全力で応援させていただきます！

はづき　虹映

「1〜9」の「最高の運命を引き寄せる習慣」
『誰にも知られず、自分ひとりで始められること』

『外側に向かって、ひとりで投げかけてみること』
「10〜18」の「最高の運命を引き寄せる習慣」

「28～31」の「最高の運命を引き寄せる習慣」
『みんなを意識して、みんなと一緒にできること』

※本書は、2009年7月にきこ書房より刊行された『運命の波にのる魔法のクセ』を文庫化にあたり改題して再編集したものです。

本文デザイン　小林麻実（タイプフェイス）
本文イラスト　さんさん

▼ Introduction 習慣があなたの人生を支配している

人間の行動のほぼ9割を支配しているのが、習慣と呼ばれる無意識レベルの行動です。

私たちは起きてから、眠りにつくまで、さまざまな行動をしていますが、そのほとんどが習慣によって、コントロールされています。

思い出してみてください（と言っても、実際には無理でしょうが……笑）。あなたが生まれたての赤ちゃんだったころのことを。あなたは真っ白な状態で生まれてきました。自分では何ひとつできませんが、それは同時に、なんの習慣ももたない、真っさらな状態。まさに「初期化されたパソコン」のようなものです。

座ることも、立つことも、歩くことも知りません。もちろん、食べ物の味もわかりませんし、言葉も理解できません。食べ方や、話し方さえも、わかりません。そんな、全くなんの習慣ももたない状態から、私たちの人生はスタートしているのです。

そのことを考えただけでも、今の自分の生活がどれだけ多くの習慣によって、成り立っているのかが、想像できるのではないでしょうか？

私たちが特に意識していない行動であっても、身体の機能はフル活用されていますし、脳はその行動がスムーズに行えるよう、フル回転で随時、指示・命令を出しています。しかし、生まれてから毎日、何度も繰り返しているような行動については、脳の指令系統がすでにできあがっているので、ワザワザ意識する必要がなくなっているのです。

「あっ、また歩くのね。ハイ了解！」という感じで、脳が自動的に身体に指示を出すようになっていて、スムーズに「歩く」ためのシステムが完全に確立されているので、あえて「私」が意識的に指示を出さなくてもいいのです。

この、**あえて「私」が意図的に指示を出さなくても、自動的に発動する行動システムのことを習慣と呼ぶのです。**

あなたは毎日の行動を、どれくらい意識しているでしょうか？
「起きる」「歩く」「動く」「見る」「聞く」「話す」「食べる」「排泄する」「書く」「話す」「仕事をする」などなど。

これらの行動のウチ、意識している行動はどれくらいあるでしょうか。
いちいち、「エーッと立ち上がるときは、どうするんだっけ……？」と、悩んだりはしないでしょう。

そう、私たちの生活のほとんどが習慣という自動システムによって支配され、無意識レベルで制御されているのです。
それゆえ、**「人生を変えたければ、習慣を変えること」**という黄金律が成り立つことになるのです。

▼習慣とは「脳のマンネリ化現象」

赤ちゃんのとき、最初はおっかなビックリだった「歩く」という行為も、毎日、繰り返しているウチに脳は段々と同じパターンだと気づいて、警戒を解くようになってきます。はじめてのときは、危険センサーを総動員として、緊張していた脳も、やがて「これはもう、大丈夫そうだ」と危険信号を発するのを止めるようになるのです。

これが「慣れる」ということ。習慣になるということです。

言い方を換えれば、脳が同じパターンの行動を覚えてしまって、自動的に対処できるようになったということです。これを**「脳のマンネリ化現象」**と呼ぶそうです。

別の見方をすれば、脳をマンネリ化させることができれば、どんなことでも習慣にすることができると言えます。

確かに習慣にしやすい行動と、そうでないものもありますが、何を習慣にするのかは、「私」が決めればよいだけで、「私」が決めて、一定の行動を繰り返していけば、やがてそれは習慣として定着します。

あなたの人生がうまくいっていないと感じているなら、それは「習慣」のセイかもしれません。習慣はほとんど無意識の領域なので、自分で気づくのが難しいのです。

しかし、習慣はあくまで、後天的な学習によるものですから、少し意識すれば習慣は変えることができますし、新しい習慣を身につけるのも、それほど難しいことではありません。

▼「いい習慣」とは「脳のポジティブなマンネリ化現象」

脳には「慣れる」という機能がもれなくついていますが、「慣れ」に「よい・悪い」は関係ありません。**それがネガティブな行為であろうが、ポジティブな行為であろうが、その行為のよし悪しに関係なく、脳は「慣れて」いくのです。**

つまり、同じ「慣れる」という行為であっても、「ネガティブな慣れ」と「ポジティブな慣れ」があるということです。これは、習慣の中にも「ネガティブなマンネリ化現象」と「ポジティブなマンネリ化現象」があると言い換えてもよいでしょう。

あなたの人生が、うまくいっていないと感じているとしたら、それは、「ポジティブなマンネリ化現象」よりも、「ネガティブなマンネリ化現象」の方が多いということかもしれません。

だったら、その比率を逆転させてやればいいのです。**「ネガティブな習慣」を減らして、「ポジティブな習慣」を増やしていけばよいのです。**

イエ、もっと単純に「ポジティブな習慣」をたくさん身につけてしまえば、「ネガティブな習慣」は気にならなくなるので、放っておいてもいいのです。

「最高の運命を引き寄せる習慣」を身につけるということは、**脳にこの「ポジティブなマンネリ化現象」を起こさせればよいのです。**脳がマンネリ化するまで、人生にポジティブな影響を与える行動を繰り返せばよいのです。

「いいことをしよう！」「いい習慣を身につけよう！」とかまえてしまうと、逆にプレッシャーが強くなって、うまくいきません。

誰にでもできる行動の中から、人生によい影響を与えてくれるものを選び出し、それを単純に繰り返すことによって、脳のマンネリ化を促せば、**それほど大変な苦労などせずに、「脳のポジティブなマンネリ化現象」が定着します。**

そうした「最高の運命を引き寄せる習慣」が身についてしまえば、自動的に、人生に奇跡を引き寄せることができるようになるのです。

▼新しい習慣を定着させるためには、3週間〜1カ月が必要

さて、「最高の運命を引き寄せる習慣」を身につければ、人生に奇跡を引き寄せられることがわかったとしても、新しい習慣を身につけるのは、現実問題として、なかなか大変です。

すでに古い習慣が定着していますから、それを変えていくのは、かなりのストレスを感じる難業かもしれません。ですから、**「習慣を変えよう」とするのではなく、「新しい習慣を身につける」**というふうに、意識のスイッチを切り替えてみてください。

それも「ひとつ」に絞るのではなく、**「下手な鉄砲、数打ちゃ当たる」方式**を採用してください。習慣にはやはり、「向き・不向き」があるので、最初から全部を完璧に身につけようとするのではなく、いろいろ試してみた上で、続けられそうなもの、気に入ったもの、相性のよさそうなものなどから、取り入れてみることをおススメします。

たとえ、ひとつでも、新たな「最高の運命を引き寄せる習慣」を身につけることができれば、それだけでも確実に運気はアップします。プラスはあっても、マイナスに陥ることはありませんので、どうぞ気楽な気持ちで、習慣化に楽しく取り組んでみてください。

さらに、新しい習慣を身につけるためには、**「ある程度の時間がかかる」**ことも、覚悟しておきましょう。ポイントは、**「最初から飛ばし過ぎないこと。無理な目標は設定しないこと」。「一度に二つ、三つと欲張らないこと」。「できるだけ、同じ時間にやること」**。

これら三つのポイントを意識した上で、**今、やっていることに「ちょっとだけプラスする」**という視点を忘れないようにしましょう。

新たな習慣を身につけるための「時間」と「成果」には、24ページの図表のような、相関関係が成り立ちます。これは「脳に新しい神経伝達回路ができるのに、要する時間」とリンクしています。

「時間」と「成果」の相関関係

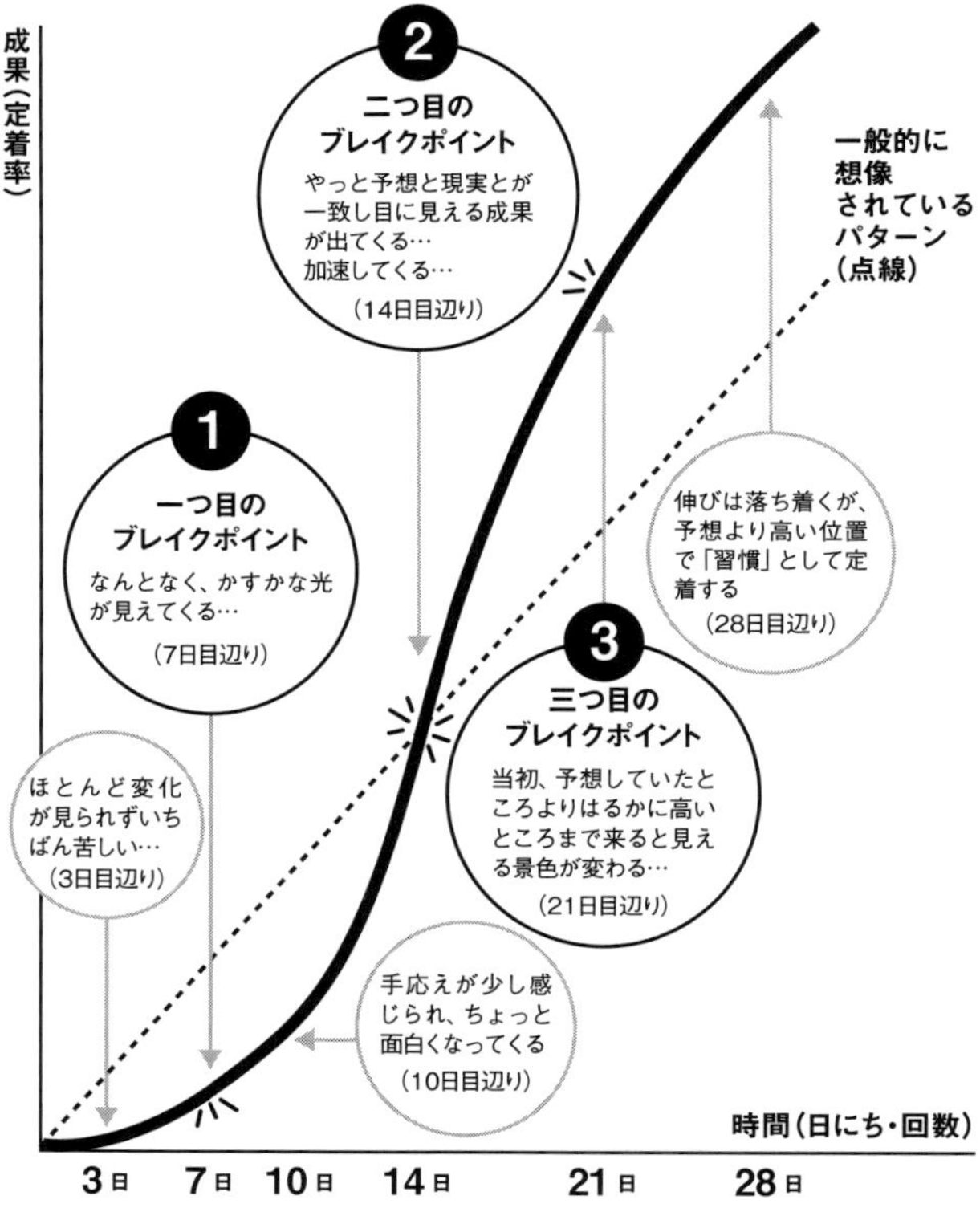
成果（定着率）
2
二つ目のブレイクポイント
やっと予想と現実とが一致し目に見える成果が出てくる…
加速してくる…
（14日目辺り）
一般的に想像されているパターン（点線）
1
一つ目のブレイクポイント
なんとなく、かすかな光が見えてくる…
（7日目辺り）
伸びは落ち着くが、予想より高い位置で「習慣」として定着する
（28日目辺り）
3
三つ目のブレイクポイント
当初、予想していたところよりはるかに高いところまで来ると見える景色が変わる…
（21日目辺り）
ほとんど変化が見られずいちばん苦しい…
（3日目辺り）
手応えが少し感じられ、ちょっと面白くなってくる
（10日目辺り）
時間（日にち・回数）
3日
7日
10日
14日
21日
28日

参考文献：『のうだま　やる気の秘密』（上大岡トメ&池谷裕二著・幻冬舎刊）

この表に見られるとおり、新しい習慣を身につけようと気合を入れて始めてみても、**最初の7日間くらいは、ほとんど効果は見られません。**

特に3日目辺りが、自分が思い込んでいる「期待値」と、実際の成果とのギャップが最も大きくなるので、多くの人はこの辺りで、あきらめてしまうのです。これは「脳」の学習機能によるもので、「三日坊主」ということわざの根拠を科学的に裏付けていると言えるでしょう。

このことを最初から、理解した上で、新しい習慣に取り組むと、**現実とのギャップで悩んで、挫折することは少なくなります。**

この表の通り、7日目辺りが一番苦しいのですが、そこをのり越えると、段々と成果が見えてきて、**14日目辺りには、「期待値」と現実の「成果」とがほぼ一致するようになります。**

その後は、「期待値」よりも、現実的な「成果」のほうが上回るようになり、「思いがけないうれしいこと」がドンドン起こるようになってきます。それも

21日目辺りがピークになって落ち着いてきます。そして28日目辺り、つまり約一カ月も経つと、最初の「期待値」よりもかなり高いレベルが、すでに「当たり前」となっていることでしょう。

このとき、**以前のあなたにとっては「奇跡」だと思えていたことが、すでに「当たり前」のレベルにまで引き上げられていることに、あなたはきっと気づくハズです。**

ぜひ、このメカニズムを最初から、アタマに入れておいた上で、新たな習慣の獲得にチャレンジしてみてくださいね。

▼「数字」のチカラを借りて、「その日」にふさわしい習慣から始めてみることが、うまくいくヒケツ

さらに、新しい習慣を身につけるポイントとして、**「数字のパワー」を借りることを**オススメします。「数字の暗号」の読み解きは、私の専門分野なのですが、ここであまり詳しく解説することはしません。ただ、**数字にはそれぞれの数字がもつ、独自固有の「性質」「波動」があると**いうことだけ、理解しておいてください。

たとえば、「1」は「スタート・始まり」を意味し、「2」は「つながり・サポート」を意味するという具合です。

こうした**「日」がもつ「数字の暗号」を活用することによって、「運命の波」にのりやすくなり、人生がドンドン加速してゆきます。**なおかつ、その日にふさわしい習慣を意識することによって、新しい習慣が定着しやすくなり、さらにその習慣の効果もパワーアップすることになるのです。

本書でまとめた「最高の運命を引き寄せる習慣」は基本的にどこから始めてもかまいませんが、**できれば「その日」を意識して、「その日」に合った習慣から取り組んでみることをオススメします。**

もちろん、本の構成上、「最高の運命を引き寄せる習慣」は一日から順を追って、組み立てられていますが、せっかく「やる気」になったのに、一日まで待っている必要はありません。「やる気」になった今日、「その日」にふさわしい習慣から始めてみましょう。

どこから始めても、結局一カ月続けると、全部の習慣を一回ずつ試してみることになるのは変わりません。思い立ったが吉日です。もちろん、その日に「やろう！」と思い立ったのも「偶然」ではありません。ですから、**「やる気」になった、「その日」の習慣からスタートしていただければ結構です。**

また、ぜひ**「自分の生まれた日」に当たる習慣もチェックしてください。**

その習慣こそ、あなたの人生に最も必要な習慣になっている可能性は大なのですから……。

本書では、「数字の暗号」を読み取ることにより、一カ月のウチ、「その日」の波動に最もふさわしい習慣を、毎日ひとつ選び、それをカレンダー形式でまとめています（32ページ）。

この**「最高の運命を引き寄せる習慣カレンダー」は「数字の暗号」に基づいて、「日」と習慣とが連動している点で、今までにない画期的なスタイル**だと自負しています。

さらに私がまとめた「はづき数秘術」の智慧に基づき、「9周期説」を採用することによって、カレンダーを「1〜9」「10〜18」「19〜27」「28〜」というう4つのグループに分類し、それぞれのグループごとに、その数字の波動にふさわしい習慣を集めてみました。

「1〜9」のヒトケタ台は、「誰にも知られず、ひとりで始められること」。

「10〜18」の主に10番台は、「外側に向かって、ひとりで投げかけてみること」。

「19～27」の主に20番台は、「自分以外の誰かや何かと、つながってみること」。
「28～31」は、「みんなを意識して、みんなと一緒にできること」。
さらに「32、33」は「オマケ」として、スピリチュアルなレベルを意識し、いつでも「オールマイティ」に使えるパワフルな習慣を選んでみました。

以上のように、「数字の暗号」に基づいて、それぞれのグループごとに習慣を性格づけして、分類しているので、ひとつずつの習慣が連続してつながり、全体にストーリー性が生まれ、違和感なく続けられるよう、編集・設計してみました。

また、「最高の運命を引き寄せる習慣カレンダー」をご覧いただければ、おわかりの通り、縦軸の「1」「10」「19」「28」は、同じ「1」の波動を持つ「数字」として、グルーピングされています。（※「19」や「28」はヒトケタずつ足し算すると「10」。「10」もヒトケタずつ足すと「1」になる）
たとえば、「10日」なら、「10日」の習慣だけでなく、同じ縦軸に属する「1

日」や「19日」「28日」の習慣を組み合わせてみると、さらに効果的だということです。そうすると、いろんな習慣のバラエティーに富んだ組み合わせが考えられますし、同じパターンの繰り返しになって、飽きてしまうこともなくなるでしょう。

ぜひ、この「最高の運命を引き寄せる習慣カレンダー」を思う存分に使いこなし、新しい習慣をドンドン身につけていってくださいね。

さあ、お待たせしました！

いよいよ、ここから、「最高の運命を引き寄せる習慣」の具体的なメニューが始まります。一カ月後、別人に変身している「新しいあなた」と再びここで、出会えることを楽しみにしています。

せる習慣カレンダー

5 空をみる	6 あたたかくする	7 情報断食をする	8 トイレそうじをする	9 捨てる
14 変身アイテムを用意する	15 花や草木にふれる	16 本を読む	17 お財布の中を整理する	18 プチ断食をする
23 話を聴く	24 スイーツを分かち合う	25 瞑想する	26 寄付する	27 問いかける
		32〜33の習慣 「目に見えない（スピリチュアルな）世界」を意識して、働きかける	32 意図を放ち宇宙にオーダーする	33 センタリングする

最高の運命を引き寄

1〜9の習慣 誰にも知られず、自分ひとりで始められること	1 はきものをそろえる	2 胸をはる	3 笑顔をつくる	4 メモをする
10〜18の習慣 外側に向かって、ひとりで投げかけてみること	10 神社にいく	11 ヒラメキを活かす	12 人間以外のモノに声をかける	13 元にもどす
19〜27の習慣 自分以外の誰か、何かと「つながってみること」	19 こちらからあいさつをする	20 つながる	21 あやまる	22 ハガキを書く
28〜31の習慣 みんなを意識して、みんなと一緒にできること	28 祈る	29 両親に感謝を伝える	30 歌い踊る	31 作品を残す

「1〜9」の「最高の運命を引き寄せる習慣」

① ② ③ ④ ⑤

⑥ ⑦ ⑧ ⑨

『誰にも知られず、自分ひとりで始められること』

「1〜9」の一桁の数字は、数字の波動が最もストレートに現れます。

まず、ここが基礎。すべてのベースになるので、できるだけ軸がブレないように、基本習慣として繰り返すことが大切です。

このグループは地味な習慣が多いですし、すぐに成果も現れにくいので、その点は予め覚悟しておきましょう。ですから、習慣もまずは、誰にも知られず、自分ひとりだけでできることから始めることがポイント。これなら、うまくいっても、いかなくても、誰にも迷惑はかけませんし、途中で挫折しても誰かにバレる恐れもありません。


他人の目は気にしないこと。自分で決めて。あなたがひとりで、できる範囲で始めればよいのです。誰にも言わず、自分ひとりで、ひっそり、こっそり始めてみましょう。大丈夫。あなたは決して、ひとりではありません。

さあ、一緒に「最高の運命を引き寄せる習慣」にトライしていきましょう!

1

1がもつ「数字の暗号」

「１」は全ての始まりを示す数字。「唯一絶対の存在」「神」「自我」「人間の意志力」などを象徴すると言われています。何かに向かって、突き進む行動力や統率力、力強い推進力や指導力、リーダーシップを象徴する数字でもあります。その形は「男性性器」に由来し、「上向きの矢印」を象徴しています。つまり、「１」は、「向き、ベクトル、方向性」を現す数字だということです。

ですから、何か新しいことを始めるのなら、やはり「１」の日からスタートするのが、最もふさわしいことに間違いありません。「ここ！」という目標を定めて、新たな具体的一歩を踏み出すためには、この日ほど、ふさわしい日はないと言えるでしょう。

1の習慣

はきものをそろえる

ワンポイント **ホテルや旅館、公共施設でスリッパをそろえてみる。**

できるだけ、誰にも見つからないように、コッソリやるのが、ポイント

最初の「最高の運命を引き寄せる習慣」は、「はきものをそろえる」です。

これを読んで、「またか……」「どっかで聞いたぞ」と思われた方もきっといらっしゃるでしょう（笑）。そのとおりです。「またか……」と思われてもかまいませんが、では実際に、あなたは、はきものをそろえていますか？　それが習慣として定着しているでしょうか？

「知っていること」と「できること」は違います。「できること」と「やっていること」も違います。似ているようですが、それぞれの間には、天と地ほどの開きがあります。

もちろん、「やっていないからダメ」と、責めたり裁いたりするつもりはありませんが、もし、あなたが「やっていない」としたら、「やっていない自分」をキチンと認めることが大切です。そこが、すべてのスタートラインです。

「はきものをそろえること」が、いいことなのは、誰でもなんとなく、わかると思いますが、では、あなたは「はきものをそろえること」と「いいことが起こる」関係や理由を明確に意識しているでしょうか？

ここに「はきものをそろえること」が、習慣になるかならないかの、重要なポイントがあると、私は考えています。

あなたも幼い時に「躾」として、「脱いだ靴はちゃんとそろえる」と教えられたことでしょう。それがキチンと身についている方もいらっしゃるでしょうが、大人になると自然に忘れてしまっている方も多いのではないでしょうか？

子供のときは、理由の説明もなく、アタマごなしに「そろえなさい」と言われて、なんとか従うことはできても、大人になると、「なんのために、そろえるのか」「そろえたら、どんないいことがあるのか」がはっきりしないと、「はきものをそろえる」ためのモチベーション（動機付け）が弱くなってしまうため、結局、面倒くさくなって、続けられなくなるのです。

「はきものをそろえる」ための目的、モチベーションって、一体、ナンだと思われますか？

「下座の心を養う（人の嫌がることを率先して、道徳心を養う）」「玄関の整理整頓」「出かけるときに、すぐに出かけやすいようにするための物理的な準備」「風水的に『氣』の入り口である、玄関を整えるため」「靴を大切に扱うことで、長持ちさせるため」などなど……。

これらの理由はどれも、もっともですし、「はきものをそろえる」ための目的として大切なことに間違いありません。しかし、これらの理由だけで、あなたは「はきものをそろえる」習慣を身につけることができるでしょうか？

これらの理由が、強いモチベーションになるのなら、とっくに「はきものをそろえること」が、習慣として定着しているのではありませんか？

私が考える「はきものをそろえる」ための目的、モチベーションとは……、**ズバリ！「自分をほめるため」です！**

自分を気持ちよくして、自らをいい気分にするために、「はきものをそろえる」のです。「はきものをそろえる」のは、誰のためでもありません。あくまで「自分のため」「自分の気分をよくするため」、つまり自分にメリットがあるから、「はきものをそろえる」のです。

これが先に説明した「脳のポジティブなマンネリ化現象」を引き起こすためのポイントにもなるのですが、**「はきものをそろえる」＝「いいこと」ではなく、「はきものをそろえる」＝「自分をほめるネタづくり」ととらえ直すのです。**

「はきものをそろえる」のは誰かのため、誰かにほめてもらうためにやるのではなく、あくまで自分が自分をほめるためにやるのです。

いいですか？「こんなことをする私（オレ）って、なんて、いいヤツなんだろう～」と自画自賛し、自己陶酔するために「はきものをそろえる」のです。

あくまで、「自分をほめるネタづくり」のためですから、何も「はきものをそろえる」ことに限定する必要はないのですが、何かひとつの行為に特化させた方が、「脳のマンネリ化現象」を引き起こしやすいので、ここは「はきものをそろえること」に絞り込んでみましょう。

さらに、より自分をホメやすくするため、**「人知れずやること」と、「自分のもの以外のはきものをそろえること」にもトライしてみましょう。**そのほうが、より自分をホメやすく、さらに自己陶酔しやすくなるからです。この「方向性」が非常に大事なポイントです。

まずは、自分の靴から始めてみましょう。帰ってきたら、必ず靴をそろえてから、家に上がるクセをつけることです。それができた自分を、まずはキチンとほめてあげること。さらに、その習慣がある程度、身につけば、さらに自分をほめるため、公共の施設、スポーツジムや旅館やホテル、お座敷のある飲み屋さんなどでもぜひ、チャレンジしてみてください。

すべての「最高の運命を引き寄せる習慣」は今ここ、足元から始まるのです!

2

2がもつ「数字の暗号」

「2」は二元論の元になる数字です。この世界はすべて、二つのものの組み合わせ、バランスで成り立っています。「男と女」「光と闇」「昼と夜」「善と悪」「陰と陽」など、相反する二つの要素が合わさって、ひとつの世界を構成していることを象徴しているのが、「2」という数字がもつ暗号です。

「波形・裂け目・割れ目」などに由来する「2」は、「二極のバランス」を象徴し、受動的性質や包容力を表します。「1」の男性原理に対して、「2」は女性原理を表し、「対極図（陰陽図）」に象徴されるとおり、「調和・統合」「つながり」を意味する数字です。

「1」で始めたことを「つなぐ」「調整・調和させる」というのが、「2」の日にふさわしい「習慣」です。

2の習慣
胸をはる

ワンポイント さらに髪の毛をアップ、あるいはカットして、おでこを出す。

髪の毛をひとつに束ねること。できれば肩にかからないように……

二番目の「最高の運命を引き寄せる習慣」は、「胸をはる」です。これもまた結構、地味な習慣です（笑）。

「背筋を伸ばす」でも、「姿勢を正す」でも、同じことですが、最もわかりやすく、具体的な表現方法ということで、「胸をはる」にフォーカスしましょう。

「胸をはる」ことを意識すれば、自然と背筋が伸び、姿勢も整います。これもたぶん、「そうやったほうがいいんだろうけど」と誰もがわかっている習慣のひとつだと思います。

でも、なかなか続かない……。気がつくと、背骨が曲がり、猫背になって、胸が閉じてしまっている方もきっと多いことでしょう。確かに良い姿勢を保つためには、多少の努力が必要です。しかも、良い姿勢を保つ努力をしていたとしても、これと言って、はっきりわかる「いいこと」が、すぐに訪れるワケではありません。先述のとおり、はっきりとした強いモチベーションが見つからないものを、習慣として定着させることは大変なのです。

なので、ここでは「なぜ胸をはると、いいのか?」について、今までとは違う別の角度から、ご説明させていただきます。

私はお医者さんでも、医療関係者でもないので、「胸をはる」ことに対する、肉体面での「よいこと」を、ここで論じることはできません。あくまで「運気」の視点、スピリチュアルな視点からの解説になりますが、**「胸をはる」ことのメリット、それは、スバリ！「ツキを引き寄せるから」です！**

すべての良きこと、奇跡など、宇宙からのギフトは、天から舞い降りてきます。これはなんとなく理解できると思います。では、あなたのアタマの上に降り注いだエネルギーが、「ツイてる」エネルギーのギフトになるのか、それとも「ツカれた」エネルギーの重荷になるのかの分かれ目は、なんでしょう?
実は、「ツイてる」と「ツカれた」を分けるカギは、あなたの「姿勢」にあるのです。

あなたが胸を閉じ、背中を丸めていると、アタマの上から降り注いできた宇宙からのエネルギーが、背中のほうにドンドン流れていってしまいます。背中を丸めて、胸を閉じると、どうしても視線が下を向いてしまいます。そうするとせっかく、宇宙からたくさんのエネルギーのギフトが届いているのに、それに気づくこともできず、背中に流れてくるエネルギーを逆に重たいと感じてしまうことになります。そしてつい、「肩が重い」「ツカれた」と口にしてしまうことになるのです。

「ツカれた」とは、「何かにとり憑《つ》かれた」という意味の言葉です。

その何かとは、あなたが背中にとり憑いていると勘違いしている、宇宙から届けられたエネルギーのことに他なりません。あなたが「疲れた」と勘違いしているものは、実はあなたが宇宙からのエネルギーを「受け取り拒否」したために、溜まってしまった「届けられないギフト」の重みに他なりません。胸を閉じ、背中を丸めるということは、せっかくの宇宙からのギフトを受け取り拒否していることになるのです。

疲れるから、姿勢が悪くなるのではありません。反対です。

胸を閉じ、背中が丸まり、姿勢が悪くなるので、折角の宇宙からのエネルギーのギフトが受け取れず、ドンドン「ツキ」を逃しているために、ツカなくなってしまい、結果、疲れることになるのです。

これとは逆にアゴを引き、胸を開いて、グッとはると、アタマの上から降り注いだエネルギーが、あなたの身体の前、胸の方に流れてきます。それはあなたのハートの上、ちょうどウルトラマンのカラータイマーがある辺りにある「第4チャクラ（ハートチャクラ・センターチャクラ）」にドンドン流れ込んでいくことになります。

「胸をはる」ことを、ほんの少し意識するだけで、エネルギー的にみて、あなたは**宇宙とつながることができ、さらに宇宙からのエネルギーがウルトラマンのカラータイマーにドンドン充填《じゅうてん》されているのと同じ現象が起きるのです。**

「胸をはる」と、あなたのハートに「ツキ」のエネルギーがドンドン流れ込んでくるので、「胸がいっぱい」になり、なんだかワクワクとした気分になってくるのも、ごく自然なこと。「胸をはる」と、なんだか「ツイてる！」という前向きな気分になるのは、こういうメカニズムになっているからです。

「胸をはる・はらない」という違いは、あなたが想像しているよりも、**何百倍も大きな違いを、あなたの人生にもたらすことになるでしょう。**


さらに「胸をはる」と少し意識するだけで、深い呼吸が自然にできるようになります。呼吸に限らず、「お金」や「豊かさ」「愛」や「幸せ」など、すべてのエネルギーは「先に気持ちよく出せば、あとから自然に入ってくる」のが基本ですから、呼吸の深さと「ツキ」も密接に関係しています。また「胸をはる」ことは、女性は女性らしさを、男性は男性らしさを強調することにもつながりますし、アタマの上から降りてきたエネルギーを足元までスムーズに流し、エネルギーの循環を促進するという点でも大いに効果が期待できる、ひと粒で何度も美味しい、まさに「最高の運命を引き寄せる習慣」だと言えるでしょう。

「胸をはる」ということが習慣として身についてきたら、特に女性の方に、ぜひ一緒にオススメしたい習慣が、「髪の毛をアップ（あるいは、カット）にして、おでこを出す」こと。

ここぞ……というときだけでもよいので、ちょっと髪型を変えて、おでこを出してみることを習慣に取り入れてみてください。それだけで、眉間にある第6チャクラ、直感やヒラメキを司る「第三の目」が解放され、あなたの元に、さらなる「ツキ」の波が押し寄せてくることになるでしょう。

3

3がもつ「数字の暗号」

「３」は、「三位一体」「三種の神器」などに象徴されるように、安定の中に変化の可能性を内在する、創造的で活動的な数字です。「１」の「父親」、「２」の「母親」に対し、「３」は二人の間に生まれた「子供」を象徴し、そこで初めて家族というグループの最小単位が構成されます。

「卵が割れた形」に由来する「３」は、生命力や躍動感、旺盛な好奇心や無限の創造力、軽快なリズム感などを象徴し、興味の対象が一方向に限定される集中力や勢いのよさも表します。

「三日坊主」「石の上にも三年」などのことわざに象徴される通り、「３」は時間や回数の最小周期を現します。子供のように楽しく無邪気に、好奇心の赴くままに、まずはひとつの周期をクリアすることを意識して、「３」の日の習慣に挑戦してみましょう。

3の習慣

笑顔をつくる

ワンポイント　声を上げて、笑う。

お笑い番組を要チェック！　他人の笑い声を聞いたり、一緒に笑うのもＧＯＯＤ！

三つ目の「最高の運命を引き寄せる習慣」は、「笑顔」です。これもあまりに当たり前で、「笑顔」の効用を今さら、くどくど説明する必要はないでしょう。誰でもブスッとした顔よりも、「笑顔」のほうがよいに決まっています。

では、なぜよいとわかっているのに、「笑顔」ができないのでしょうか？

それは、「楽しいことがあるから笑顔になる」と思い込んでいるからではないでしょうか？

ここがポイントです。楽しいときに「笑顔」になるのは誰でもできます。しかし**本当は「笑っているから、笑顔でいるから、楽しい気持ちになってくる」のです。**

「楽しいから笑顔になる」のではなく、「笑顔が楽しいことを引き寄せる」のです。多くの人はここを勘違いしています。ラッキーなこと、ツイていること、うれしいこと、楽しいことがあるから、「笑顔」になるのではありません。いつもニコニコしているからこそ、「ツキ」に恵まれ、楽しい人生が送れるのです。

さらに普段から「笑顔」をつくる練習をして、「笑顔」を習慣にしていないと、本当に楽しいときでも、素直に「笑顔」になれません。ちゃんと「笑顔」がつくれないと、せっかくの楽しい気分もキチンと味わうことができません。これでは人生の楽しみが半減してしまいますし、とてももったいない……。

「笑顔」こそ「コスト0」で、あなたの人生に「ツキ」や「いいこと」、「人生の楽しみ」を引き寄せてくれる「最高の運命を引き寄せる習慣」ですから、これを身につけておかないと、絶対的に損なのです。

あなたは自分の顔を、その目で見たことがありますか？

鏡や写真に映った自分の「顔」ではなく、立体的な造形物としてのあなたの

「顔」を自分の目で確認するのは、生きている限り、不可能です。

生きている間中、自分で見ることのできないあなたの「顔」はいったい誰のためにあるのか、考えたことはあるでしょうか？　あなたの「顔」は、実は人から見られるために存在しているのです。他人から見て、心地良いようなバランスで「顔」のパーツは構成されていると言われています。

その代表例が赤ちゃんの「顔」です。赤ちゃんの「笑顔」を見ていると思わず、こちらも引き込まれて微笑んでしまいますが、それは赤ちゃんの「顔」が人から見られることを前提に、他人に心地良い感じを与えるように工夫されて、創られているからです。親や大人から嫌われてしまうと赤ちゃんは生きていけないので、まさに生きるために必要不可欠な道具（ツール）として、人間の、赤ちゃんの「顔」のつくりが決まっているのです。

「顔」のパーツが真ん中に寄れば寄るほど、「顔」の中に×が出来、人相が悪くなります。「顔」のパーツが外に広がり、眉と目じりが下がり、口角が上がると「顔」の中に○が出来ます。そんな「顔」のことを福相と呼ぶのです。

あなたも自分の「顔」に責任を持って、人から見ていただくものとして、「笑顔」を習慣に取り入れて過ごしてみましょう。あなたが常に「笑顔」のエネルギーを外に投げ掛けることによって、あなたの元に「笑顔」のエネルギーが還ってきます。あなたの「笑顔」を見た人が気持ちよく、元気になれば、あなたのツキも確実にアップするのは当然です。

さらに「笑顔」は他人から見ても、気持ちの良いものですが、**「笑顔」の恩恵を最も多く受けるのは自分自身**だと言うことを忘れてはいけません。「笑顔」を作るだけで、口の両端に在るツボや顔の筋肉が刺激され、脳内から快楽ホルモンが分泌されることが医学的にも証明されています。「笑い」が免疫力を上げ、細胞を活性化させ、若返りの効果もあるという話を、あなたも聞いたことがあるでしょう。

逆に眉間にシワを寄せると、眉間にあるツボが刺激され、脳内から老化促進ホルモンが分泌されます。特に眉間の縦ジワは、眉間に在ると言われる「第三の目」が司る直感力のセンサーを自ら閉じてしまうのと同じこと。

「第三の目」をしっかりと開き、直感力を磨くために最適のエクササイズが、「笑顔」をつくるということ。**眉間にシワを寄せたまま、「笑顔」をつくることはできません。口だけで「笑う」のではなく、顔全体として「笑顔」をつくると意識してみましょう。**「楽しい、楽しくない」は関係ありません。口角を上げ、マユと目尻を下げ、眉間を開けるのです。口は全開せず、歯茎までは見せないように、上の前歯が軽くのぞく程度がいいでしょう。そう、それが「笑顔」をつくるということです。

人も植物や昆虫などと同じように、明るいものに引き寄せられる習性があります。「笑顔」はあなたを確実に明るくします。**ニコッと笑って、「ありがとう」と言うと、あなた自身が発光する**のです。あなたが自ら明るく発光すれば、その光に引き寄せられるように、いろんな「いいこと」も集まってきます。

「笑顔」が習慣になってくると、道端で声をかけられることが確実に増えてきます。誰だって、怖い顔をしている人に頼みごとをしたくはありません。「道を教えてください」とか、「シャッターを押してもらえませんか?」とか、そんな些細なことですが、頼まれごとが多くなるということは、あなたの「笑顔」が習慣になり、明るさを増し、ツキを引き寄せやすくなっているサインに他なりません。ですから、頼まれごとは、「笑顔」で進んで引き受けましょう。それによってあなたの元に、さらに「ツキ」が引き寄せられることになるのです。

最後にひとつ……。一日、一度でも良いので、声を出して大笑いすることを意識してみましょう。お笑い番組をみたり、身近な人と冗談を言い合ったり。大きな声を出して笑うという、その単純な行為があなたを「元」の「氣」に戻し、元気を与えてくれるのです。

そう、「笑顔」や「笑い」も、ある程度、意識して身につけるべき、習慣の賜物であり、それが人生に「ツキ」の波を引き寄せることになるのです。

4

4がもつ「数字の暗号」

「４」は、東西南北の四方位、四元素（火、風、水、土）、四季。人間の基本的感情（喜怒哀楽）、起承転結など、物質世界の誕生を表し、現実世界を創造する基礎となる数字です。「１，２，３」でひとつの周期が終わり、「４」は次の新たな周期に入ったことを表します。

数字の形を見ると、「直線のみで囲まれた、閉ざされた領域」をもつのは「４」だけで、そこから「安定・固定・基礎・土台」などの意味を象徴すると言われる「堅い」数字です。

現実世界を象徴する「４」は、「キチンと形に現す」という意味をもつので、やったことをやりっ放しにせず、誰もが確認できるよう、「目に見える形」に残していくことを意識して、「４」の日の習慣に挑戦してみましょう。

4の習慣

メモをする

ワンポイント **メモ専用ノートを用意しましょう。**

スラスラと書きやすい太さや色の違う、お気に入りの筆記用具も用意して……

あなたは**「メラビアンの法則」**をご存じでしょうか？

これは人間のコミュニケーションに関する実験から得られたデータを元に、アメリカの心理学者アルバート・メラビアンさんがまとめたもので、ある人の行動が他人に及ぼす影響力を分析すると、**「話の内容などの言語情報が7％程度、声質や口調、会話の早さなどの聴覚情報が38％、見た目などの視覚情報が55％の割合になる」**のだそうです。

もちろん、この結果だけを見て、「話す内容より、見た目が一番重要」と結論づけてしまうのは早計ですが、目から入る情報のウエイトが圧倒的に高いことは、誰もが納得するのではないでしょうか？

これは本を読むときにも言えることで、本を読むのは一見、視覚情報のようにみえますが、実際には頭の中で「音読」しているのであって、さらに文章そのものの内容は言語情報に当たります。

ですから、ただ漫然と本を読んでいるだけでは、書いてある内容そのものよりも、本の表紙のデザインやさし絵などの視覚情報の方に目を奪われ、肝心の中味はほとんど覚えていないということに陥りがちになるのは避けられません。

実際に一冊の本を読破したとしても、その内容を次の日まで覚えていることはほとんどなく、翌日には内容のほぼ90％以上が忘れ去られると指摘されています。私もたくさんの本を読みますが、実際に内容を克明に覚えていることはほとんどありません。残念ながら……（苦笑）。

そこでおススメしたいのが、今回の「最高の運命を引き寄せる習慣」である、「メモをする」です。

いわゆる成功者と呼ばれる人は、ほとんどが「メモ魔」です。いつでも、どこでも、なんにでも「メモ」をする習慣が身に付いています。成功者がたまたま、「メモ魔」だったのか、それとも「メモ魔」だったから、成功者になり得たのか？　ここまで読み進めているあなたなら、もうおわかりですよね。

人間が言語情報として覚えておける量には自ずと限界があります。本来、人間の視覚情報は圧倒的な大容量を誇るので、覚えられないことなどないのですが、それを文字情報として認識しようした途端に左脳が働き出して、極端に記憶容量が落ちるのです。「言語情報のほとんどは忘れてしまう」ということを前提にすると、自ずと対処法が明らかになってきます。**対処法としては、「忘れる前に書いておく」です。**非常にシンプルですが、この「メモをする」習慣を身につけているのと、そうでないのとでは、人生において、歴然とした差が生まれることは否定できません。

「なるほど、そうか！」「オッ、これいいな！」「このフレーズ、いただき！」「ヒラメいた！」と思ったら、できるだけその場でメモを残しておくことです。誰かのための「メモ」ではありませんので、字が汚くても、文章の形になっていなくても一向に差し支えありません。

とにかく、後で自分がそのフレーズを思い出すためのヒント、キッカケになっていればよいので、キーワードだけのなぐり書きでも構いません。

実際、この「メモ」の「ある・なし」で、その後における記憶の復元の度合いがまるで違ってきます。**「メモ」はまさしく、検索キーワードみたいなもの。**メモに残されたキーワードさえあれば、そこから記憶の糸を手繰り寄せ、お目当ての情報にたどり着くのは、そんなに難しいことではありません。

万一、メモを紛失してしまっても、それでも「メモ」をする意味はあると、私は思っています。**メモはメモをすること自体に意味があるのです。**

メモした時点で、その情報のインプットも、アウトプットも同時に完了しているのです。さらにメモをすることによって、新たな情報を受け取るための「空きスペース」をつくることができるのですから、それだけでも大きなメリットがあります。

メモをする場合は、できれば自分の手を使って、手書き文字で「メモ」することをおススメします。携帯電話や電子手帳、ノートPCなどを効率的に使うのも良いのですが、「最高の運命を引き寄せる」という視点からみれば、やはり「手書き」が一番、効果的です。

手書きした文字には、あなたの波動が宿ります。自分の発したものが、受け取るものになるので、自分が「いいな」と響いた言葉を手書きでメモすると、それだけで、その文字の波動が、自分自身に還ってくることになるのです。

ですから、内容は忘れてしまってもよいので（もちろん、あとでちゃんと活用できるように、メモをすることに越したことはありませんが……）、とにかく「いいな」と思った言葉は、すかさずメモをするように習慣《クセ》づけすることをおススメします。

「メモをする」ときに、ひとつだけ気をつけておいて欲しいことがあります。

基本的に、「ネガティブなことは書かないこと」。

「できない」「ダメ」「無理」「難しい」「大変」「面倒くさい」などのネガティブ

ワードを自分の手で書くと、その波動は必ず自分の元に戻ってくるので要注意。
できるかどうかわからないことはキーワードだけ、単語で書いておきましょう。ちなみに、未来に関する願望を「〜ますように」という書き方もNGワードなので、気をつけてくださいね。

文字を書くという行為は、未来への設計図を描いているのと同じです。

ネガティブなことを書くのは、未来にネガティブな種をまいているのと同じ。それで書いたとおりのネガティブな現象が実際に起きても文句を言う筋合いはどこにもありません。どうしてもネガティブなことが書きたくなったときは、書いた後でそのメモのページは破って捨てるか、燃やしてしまいましょう。

そこだけ注意して、あとはドンドン、メモをしましょう。使えるかどうかは、あとから考えれば良いので、難しいことは考えず、とにかくメモる(笑)。

この習慣を身につけることができれば、また一歩、あなたも「成幸者」へ確実に近づくことになるでしょう。

5

5がもつ「数字の暗号」

人間の五感・五体、五臓、五本の指などからもわかるとおり、「５」は、「人間そのもの」を象徴する数字です。「２」の女性性と「３」の男性性の統合を表し、人間の特徴である自由と変化、行動力やコミュニケーション能力を表します。

「５」はその形から、「２」の反転形や陰陽図、英文字の「Ｓ」にも通じ、特別な力、スピードや変化を表します。また、陰陽師で有名になった「陰陽五行」で用いられる「五芒星《ごぼうせい》」のマークは、神秘的な呪力や霊感などを暗示する魔術的記号として、古くから世界中で使われています。

変化こそ人間の特徴であり、「５」が示す「数字の暗号」に他なりません。自らの可能性を限定せず、さらに自由にはばたくことを意識して、「５」の日の習慣にチャレンジしてみましょう。

5の習慣

空をみる

ワンポイント「雲消しゲーム」に挑戦してみましょう。

「UFOさん、ありがとう」と唱えて空を見上げていると、UFOが姿を現してくれるかも？

あなたは最近、空を見上げていますか？

日常の中で、ボーッと空を見上げる時間がどれくらいあるでしょうか？

この一見、非生産的な、無駄に見える行為こそ、あなたの人生に「ツキ」を呼び、奇跡を引き寄せる「最高の運命を引き寄せる習慣」になるのです。

「2の習慣：胸をはる」のところでも書いたとおり、すべてのよきことは上から、天から、空から舞い降りてきます。落ち込んだときや元気のないとき、悩んでいるときに、上を向く人はいません。背中が丸くなり、首をうなだれ、眉間にシワを寄せて、腕組みなんかをして、下を向いてしまうのです。落ち込みたいときは、確かにこのポーズは非常に効果的？　ですが、「最高の運命を引き寄せる習慣」の観点からみれば、このポーズをしている限り、新たな「ツキ」を引き寄せることはできません。その辺り、ちゃんと認識した上で、この「落ち込みポーズ」を選択してくださいね（笑）。

探し物をするときも、上を向く人はいません。しかし、「ない、ない」と言いながら、下を向いて探してみても、探し物が見つかることは期待薄です。

本当に探し物を見つけたいのなら、いったん上を向いて、「ある、ある」と言ってみることです。その上で、視線を平行に戻して、ゆっくりと深呼吸をしてから、「ある、ある」と言いながら、探してみると、案外、すぐに見つけることができますから……。だまされたと思って、ぜひ、お試しください。

一説によると、私たちが人間として生まれて来る前、誰もが雲を経験しているのだとか……。生まれる前の記憶を持つ子供の話には、必ず「空の上から見ていた」という共通点が見られるそうです。その真偽のほどは定かではありませんが、空を見ていると、誰でも気分が晴れてくるもの。海を見ることでも同じような効果があると言われますが、誰もがすぐに海を眺められる環境にあるワケではないので、個人的には「空」のほうがおススメです。

私たちは圧倒的に大きな自然に触れることで、自分の存在の小ささを客観的に認めることができるようになり、ちっぽけなことで悩んでいる自分がバカらしくなるのでしょう。

ただ、ボーッと空を眺めているだけで、悩んでいた自分が馬鹿らしくなるのですから、そのリセット効果は抜群です。まさにコスト「0」で、すばらしい癒し効果が得られるのですから、これを習慣にしない手はありません。

朝日は「愛」を、夕日は「慈悲」を象徴すると言われます。

やる気や元気、パワーをチャージしたいときは、朝日を見て、朝日を全身に浴びることです。少し元気が出ないときや落ち込んでいるときは、下を向くのではなく、黙って夕日を眺めることです。夕日は優しく包み込む「癒しの波動」を出してくれているので、そのエネルギーを浴びるだけで、涙が出てくることもあるでしょう。
「空をみる」ことを意識していると、空は実にさまざまな表情を見せてくれることに気付くでしょう。空は刻一刻とその形を変え、一瞬たりとも同じ状態はありません。雨上がりには、虹がかかり、ときには日輪が見えたり、「天使のハシゴ」が空いっぱいに広がることもあるでしょう。

特に最近の雲の様子は尋常ではありません。ちょっと注意していると、まるで天使が舞い踊っているような雲をたくさん見つけることができ、天からあふれるほどのエネルギーが降り注いできているのが感じられるかもしれません。

また、不思議な形をした雲や彩雲（色がついた雲）や、それ自体が光っているように見える雲は、実はＵＦＯ（未確認飛行物体）かもしれません。

もちろん、夜空もステキです。最近の満月の光も、尋常ではありません。異様に明るく輝いているのは、それだけ地球に届く「癒し」の波動がより強く、パワフルになっているセイかもしれません。

5

満月や新月の時は願望が実現しやすくなるので、月に向かって、自らの願望を唱えると夢やビジョンの実現が加速します。また空のお財布に月の光を浴びさせる「満月の月光浴」をすると、お金の豊かさがをチャージされます。

ちょっと空を意識して、空を見上げる習慣を身につけるだけで、こんなにもたくさんの情報やパワーを得ることができるのです。下を向いていても、「いいこと」はひとつもありません。辛くても、苦しくても、空を見上げれば、背筋が伸び、胸も開きます。胸が開くと、呼吸も深くなります。深呼吸は自分をリセットするために、最も手軽で効果的な「最高の運命を引き寄せる習慣」です。

私たちは元々、無限の可能性に満ち溢れた自由な存在です。そのことを思い出させてくれるのが、「空」なのです。「空をみる」と、そのことが感覚的に理解できます。理屈ではなく、ただ想い出すのです。だから、空を見上げましょう。それだけで、あなたは無限の可能性に満ち溢れた「本来のあなた」に戻ることができるのですから……。

最後にオマケをひとつ……。

試しに、「雲消しゲーム」に挑戦してみましょう。風のない晴れた日に、こぶし大くらいの小さな雲をターゲットに選んでください。消したい対象の雲が決まったら、自分と雲とをイメージの中のレーザー光線のようなもので結びます。その上で、目をつぶり、「雲が消えました。ありがとうございます」と唱えながら、消しゴムで消すような感じをイメージしながら、雲を消していきます。

ポイントは一瞬で消そうとしないことと、熱くなり過ぎないこと。力ずくでやってもうまくいきません。消しゴムで消すように全体を薄くしていき、綿をほぐして、バラしていくようなイメージをすると、うまくいきます。

こぶし大の大きさの雲なら、5分もやれば、徐々に薄くなり、消えていくでしょう。ただし、「雲消しゲーム」を面白半分でやり過ぎるのは、要注意。

雲が消えたら、言うことを聞いてくれた雲さんにお礼を言って、雲を司る「天の氣」に対する敬意と感謝も忘れないこと。そこだけ注意したら、「雲消しゲーム」に、楽しみながらレッツ・トライ！

6

6がもつ「数字の暗号」

「６」は、「調和とバランス」、「美と創造」を象徴する「愛」の数字。「３」の倍数であることから、創造的なエネルギーの統合。男と女、精神と肉体、物質と心などの「完全な調和」を表すの癒しの数字です。

「６」を象徴するマークである「六芒星《ろくぼうせい》」は、古くからユダヤの人々を中心に「ダビテの星」「カゴメ紋」などと呼ばれ、魔除けの効果がある、神聖な図形として大切に扱われています。

　また、閉じた丸は「あの世」や「宇宙」を現すことから、「６」の形は、「胎児をお腹に抱える妊婦のイメージ」を表し、「暖かさ」「優しさ」「包容力」など、母性を象徴する数字でもあります。老若男女を問わず、この日は「母性」を意識して、優しい気持ちになれる習慣にチャレンジしてみましょう。

6の習慣

あたたかくする

ワンポイント　胸に手を当てて、自己ヒーリングしてみましょう。

身体の気になる部分にも手を当てたり、触ったり、なでたりして、癒してみて……

以前、テレビでおもしろい実験をやっていました。あたたかい飲み物を飲んだ人と冷たい飲み物を飲んだ人とを比較すると、あたたかい飲み物を飲んだ人は、自分のもっているものを他人にプレゼントしてあげたくなる確率がグッと上がるということ。日本の脳科学の第一人者である茂木健一郎先生、曰く、「これは飲み物を持つ手によるところが大きくて、あたたかい飲み物を持つことで、手があたたかくなると、人は自然にやさしくなれるという回路が脳に組み込まれているため……」と、解説されていました。

脳科学の立場から見れば、「手をあたためるだけで、人は自然と他人に優しくなれる」というのです。

これは素晴らしい発見で、即使えるネタですね（笑）。

6

病気や傷ついている人を看病することを「手当て」と言いますが、この言葉はまさしく、「傷ついた患部や弱っている部分に手を当てて癒す」行為から生まれたものです。

誰もが自分の身体に不調な部分があれば、自然に手を当てることでしょう。相手が痛がっていたら、患部に手を当てたり、さすったりするものです。

自然に備わっている、こうした行動にも、ちゃんと意味があることが科学的に解明されてきている、今はそんな時代です。

「手当て」を今風に表現すると、「ヒーリング」ということになります。

「手当て」とは気のせいや気休めではなく、手からは確実に「何か」が出ており、それが癒しの効果をもたらすこともわかってきています。実際に手からどんなエネルギーが出ているのかは、まだ詳しくわかりませんが、確実なことは手があたたかくなるだけで、人はやさしくなれるということ。これだけでも、「手当て」には明確な効果があると言えるでしょう。

「あたたかい（暖かい）」という言葉から、「あ」を取ると「たたかい（戦い）」になります。「あたたかい」と「たたかい」の気持ちがなくなり、人に優しくなれますが、逆に「あたたかく」なくなると、心が冷えて固くなり、「たたかい」の気持ちが生まれてくるのかもしれません。

世界的に見ても、日本人の「お風呂・温泉好き」はめずらしく、毎日のようにお風呂に浸る習慣をもつのは、日本人ならではの特徴です。「お風呂好き」の国民性と、日本人の他人を思いやる優しい心遣いとは深い関係があるのではないかと、私は思っています。だって、**手があたたかくなるだけで、他人にやさしくなれるのですから、お風呂で全身があたたまれば、もっとやさしくなれるのではないかと思うのですが、どうでしょう。**

実際、お風呂上りに不快な気分になる人はいないでしょう。もちろん、シャワーを浴びてもスッキリはしますが、シャワーだけではなかなか、「ゆったり」や「ほっこり」まではいきません。あたたかいお湯に身を沈めると、誰もが自然に「ゆったり」「ほっこり」できるもの。**このあたたかい感じこそ、他人のことを思いやる心の余裕を生み出す元になるのではないでしょうか？**

湯船に浸かると、思わず「ふぁ〜」と声が出るのは、全身が「ゆるむ」からで、身体が「ゆるむ」と心もほどけ（＝仏）て、相手を「ゆるす（許す）」ことが出来るようになるのです。相手を「ゆるす」ことが、本当に優しくなるということです。毎日一回、この「全身がゆるむ感じ」を味わっている人と、そういうことをまるで味わったことのない人とでは、どちらが他人に優しくなれるのかを比べたとき、明らかな違いが生まれてきてもおかしくないと、私は思うのですが、どうでしょうか？

気候的にあたたかい地域に住んでいる人は、おおむねのんびり、ゆったり、おおらかです。逆に寒いと、どうしても身体が固くなり、常に緊張して、心も冷たく、ギスギスしてしまいがちになることは否めません。

まさしく「あたたかい」から、「あ」がなくなると、「たたかい」になるという図式です。

もちろん、「暑い」がよくて、「寒い」が悪いワケではありません。どちらも偏り過ぎてはいけませんが、あなたが人生で奇跡を引き起こしたいと思うのなら、「あたたかい」を習慣にしておくことは、必ず役に立ちます。誰もが、「あたたかく」扱われたいし、「あたたかい」人に引き寄せられるものですから。

他人にあたたかく接したいと思うのなら、まず自分を「あたたかく」することです。

「手をあたためる」「身体をあたためる」「あたたかいものを食べる（飲む）」「あたたかい場所で休む」「あたたかい気持ちになる」などなど。

まずは自分を「あたたかく」する習慣を心がけましょう。自分が冷えると、他人にも冷たくなるものです。自分が「あたたかく」なれば、他人にも自然に優しく、あたたかく接することができるようになりますから……。

「あたたかい眼差し」「あたたかい笑顔」「あたたかい手」「あたたかい言葉」「あ

6

たたかい心遣い」。そんな「あたたかい」を習慣にしたあなたを他人が、そして宇宙が、冷たく放っておくハズはありません。

できれば、初対面の人とは握手をしましょう。それだけで、あなたの「あたたかさ」が相手にダイレクトに伝わります。親しくなった人やお友達、家族や大切な人とは「ハグ（＝抱擁）」を習慣にしてみましょう。それができるようになれば、あなたの「あたたかさ」は、何十、何百倍にも拡大します。

さらに、一日に一回は自分の胸に手を当ててみましょう。胸に両手を当てて、目をつぶり、ゆっくりと深呼吸を繰り返しながら、一分程度。ただじっと、自分の身体のぬくもりを、自分の手のあたたかさを感じてみてください。

それだけで、あなたは確実に「あたたかく」、より優しくなれるのです。

7

7がもつ「数字の暗号」

「７」は、ひとつの周期の終わりを示す「完成、完全調和」の数字。カレンダーは７曜日。虹の７色。７音階。チャクラは７つなど、「完成」や「完璧」を象徴し、古くから祝福や勝利を暗示するラッキーナンバーとして扱われています。

また「７」の形は、真っ直ぐ上向きではない、「斜めの矢印」を象徴します。そこから「人とは違う天邪鬼《あまのじゃく》」「斜に構える」「こだわりが強い」「群れない」「頑固な職人気質」などを暗示する数字です。

聖書にも「７日目を安息日とする」という記述があるように、ここはひとつの周期が完結を迎えて、「ひと息つく」ところです。ひとつの周期をクリアした喜びをかみ締めつつ、この辺りで、ひと休みしてみてはいかがでしょうか？

7の習慣

情報断食をする

ワンポイント　意識的に深呼吸する。
吐く息に注目して。目を閉じて、できるだけゆっくり長く、息を吐き切りましょう

現代に生きる私たちの日常は、膨大な情報の波に翻弄《ほんろう》されています。自らの意志で意識的に情報をコントロールしないと、情報の洪水に押し流され、溺れてしまいます。

インターネットの普及で、情報の量と質はどちらも飛躍的に向上しましたが、それだけに情報自体を選ばないと、完全に情報に飲み込まれてしまう危険性が日に日に高まっていると言えるでしょう。

情報とは本来、何かを達成するための手段であって、目的にはなりません。しかし、今や情報を消費すること自体が、目的になってしまっています。

一日に一度でいいので、「なんのために、その情報と接して（見たり、聞い

たり、読んだり）いるのか？」を自問自答する習慣《クセ》づけをしてみましょう。

「あなたはなんのために、そのTVを見ているのでしょうか？」

「なんのためにSNSをやっているのでしょう。SNSを利用する目的はなんですか？　メリット・デメリットをちゃんと意識していますか？」

「インターネットを使って、何をしようとしているのですか？　それはインターネットでないと、できないことでしょうか？」

情報を得ようとすることが悪いワケではありませんが、何のために情報を得ようとしているのか……。その目的を明確に意識する必要があります。

「ただ、なんとなく」情報に接しているのは、「洗脳」されているだけです。

「知らないと不安」「話題についていけない」「仲間はずれにされたくないから」というネガティブな理由で情報に接していると、当然のごとく、ネガティブな情報ばかりが集まってくることになります。**ネガティブな情報が集まると、実際にネガティブな現象を引き寄せやすくなり、ネガティブな人生が実現しやすくなる**ので、要注意です。

残念ながら、マスコミで報道される情報は、「真実」ではありません。「事実」の一部には違いありませんが、それが「すべて」ではありません。

さらにニュースは基本的にネガティブに偏っています。そうなるのは、それを喜んで受け取っている「こちら側」にも大いに問題はあるのですが、事実の中から、ネガティブなものにフォーカスして、その一部を切り取り、さらに情報を提供する側が都合の良いように加工したものをほとんど一方的に押しつけられているのが、ニュースの実情です。

こうした意図的に加工された、ネガティブな情報に無防備にさらされている状態を、「洗脳」と呼ぶのです。もし、それらの情報を「真実」だと思っているとしたら、それがまさに「洗脳」です。厳しいようですが、ネガティブな情報に日々「洗脳」されている状態で、本当に「成幸」できるハズなどありません。

世の中には「良書」と呼ばれる本もたくさんあります。そうした良書をたくさん読んでわかる、いちばん大事なこと。それは、**「自分は何も知らない」ということがわかること**だと、私は思います。

本物の智慧とはそういうもので、そうした**智慧がたくさん集まれば集まるほど、人は謙虚になっていく**ものです。たくさんあることを自慢したくなるのは、それが単なる知識や情報だからで、それをどれだけたくさん集めてみたところで、あなたの元に「最高の運命」が引き寄せられることはありません。

新聞や雑誌、TV、ラジオ、スマホや携帯、インターネットやSNSなどから得られる情報によって、あなたはどれくらい「幸せ」になりましたか？　より「豊か」に、より「自由」になれたでしょうか？　ぜひ、ここで真摯な気持ちで自分自身に問いかけてみてください。

あなたが自らの人生に本気で「最高の運命を引き寄せたい」と願うのなら、こうした巷の情報から一定の距離をおく習慣を身につけることを、強くおススメします。

あなたは人生の成幸者が、毎日、ボーッとテレビを見て過ごしている姿を想像できますか？　そんな人のことを、本当に成幸者と呼べるでしょうか？

成幸者がしていないことを、あなたが習慣にして、成幸できると思いますか？

せめて週に一度くらいは、そうしたネガティブな情報、どうでもいい情報を、自分の意志で意識的にシャットアウトしてみましょう。

ネガティブな情報に触れている限り、息が休まることはありません。ネガティブなものを見聞きすると、どうしても呼吸が浅くなり、肩で息をし、身体が固くなります。これではたとえ、仕事を休んでいても、本当の意味で「休息」していることにはなりません。

静かに息を休ませるためには、ネガティブな情報源を意識的に遮断してみること。それが本当の「休息」につながります。あなたが休んでも疲れが取れないのは、休みの日でも、こうしたネガティブな情報のシャワーを浴びているセイかもしれないのですから……。

息を休ませるために深呼吸をするときのポイントは、まずしっかり吐くこと。

しっかりと息を吐き切れば、あとは勝手に入ってきます。

情報についても、これと全く同じ。入れることを手放して、情報をカラッポの状態にすることで、自然に必要なものが浮かび上がってくるのです。ネガティブ情報を手放し、情報の出し入れを整えることで、息もキチンと整います。

大切なことは、**自分にとって、「本当に必要な情報とはナンなのか？」を意識すること**です。そのために、自ら情報を探しに行ったり、無駄なやりとりなどを一旦、手放してみましょう。情報の流れを意識的に止めてみること。ＴＶもラジオを消して、新聞や雑誌も見ず、スマホや携帯、パソコンの電源も落として、深呼吸だけを意識して、ゆったりとした一日を過ごしてみましょう。

何か特別なことをする必要はありません。無駄な情報を意識的に遮断すること以外は、普段と変わらない日常を過ごせばいいのです。それだけで、それまでは見過ごしていた、大切なことに気づくチャンスが確実に広がります。

そうやって、普段と変わらない生活をしていても、**「最高の運命を引き寄せる」という意図をキチンと放っておけば、本当に必要な情報は向こうから勝手にやってきますから……。**大丈夫。安心してください。

8

8がもつ「数字の暗号」

「８」は、物質と精神の二面性の統合。意志力・組織力・富・権力など、偉大なパワーを表し、「均衡」や「栄光」を象徴する数字です。「８」は、その形からもわかる通り、「無限大（∞）」を象徴します。二つの「○」は、「あの世」と「この世」、「目に見える世界」と「目に見えない世界」を表し、二つの世界のエネルギー循環や統合を意味します。無限のパワーが生み出されるのは、「二つの世界」がつながっているから。それは同時に、分裂の危機も内包しています。

「末広がり」「八方に広がる」など、限りなく拡大するパワーをもつ「８」は、その使い方がポイント。あれこれ手を広げ過ぎないように注意して、エネルギーを一点に集中すれば、大きな成果が得られるでしょう。

8の習慣

トイレそうじをする

ワンポイント　素手でトイレそうじをすると、金運アップ!?

まずは便座やタンク、便器のフチなど、できる範囲から挑戦してみましょう

本書をお読みのあなたに、「トイレそうじ」の効用について、今さらここでクドクド説明する必要はないでしょう。

「トイレそうじ」がいいことぐらい、あなたも十分にわかっているハズ。でも、最初から「トイレそうじ」が好きな人も、いないでしょう。私も昔から「トイレそうじ」が好きだったワケではありません。しかし、一旦それが習慣になってしまうと、どうということはなくなります。良いとわかっているのに、多くの人が習慣にならないのは、なぜか……。これはモチベーション（動機付け）の在り方に問題があると、私は思っています。

「いいことだから」「誰かがやらないといけないから」「みんなが嫌がる仕事

をするのは、素晴らしいことだから」「下座の心（謙虚さ）が養われるから」「トイレを磨くと人格が磨かれるから」などなど。

確かにどれもそのとおりなのですが、こうした理由だけで、あなたは「トイレそうじ」を始められるでしょうか？　これらの理由で「トイレそうじ」ができる人は、間違いなく「いい人」です。しかし、「いい人」が「いいこと」をやっているからと言って、必ずしも、幸せになったり、豊かにならないのが、人生の不思議なところ。それはどうしてだと思われますか？

重要なポイントは、「やっているか」「やらされているのか」の違いです。どんなに「いいこと」でも、「やらされている感」があるとうまくいきません。心のどこかに「ねばならない」があると、必ず「こんなにやっているに」「どうして自分だけが」などの文句や不平不満が溜まってきます。そういうネガティブな思いを抱えたまま、「いいこと」をしても、結局「いいこと」と「ネガティブな思い」との間で、エネルギーが相殺されてしまうのです。「ねばならない」で、「やらされている」くらいなら、やらないほうがマシかもしれません。
宇宙はエネルギーで成り立っていますから、ネガティブな思いのエネルギーが勝ってしまうと、せっかく、「いいこと」をしているのに、「いいこと」が返ってこないで、ネガティブな思いの方に反応して、「嫌なこと」が引き寄せられてしまう可能性もあるので、要注意です。

私のおススメは、「金運アップのためにやる」です。

昔から「運がつく」などと言って、「トイレ」と「金運」は密接な関係があると指摘されていました。真偽のほどは定かではありませんが、「大金持ちの家のトイレのフタは、必ず閉まっている」というウワサもあるようです。

確かにトイレがキレイなお店は間違いなく、繁盛しているお店です。トイレの状態を見れば、そのお店の経営状態がわかるというのは、コンサルタントの間のセオリーとして有名です。そうじを徹底することで、お店の経営状況は確実に上向きます。これは流通業に長く関わってきた、経営コンサルタントとしての私の経験則であり、実感でもあります。

もちろん、すべてキレイにするにこしたことはありませんが、「どこから始めれば良いか？」と聞かれたら、私は迷わず、「トイレ」と即答します。

経営者自身が会社やお店の「トイレそうじ」を始めれば、そこの会社の業績は確実に上向きます。

主婦が家の「トイレそうじ」を始めたら、家の中は確実に明るくなります。イエ、それだけではなく、臨時収入も期待できます。私の周りでも、「トイレそうじ」を始めたら、いきなり臨時収入が入ってきたという事例は、たくさん見聞きしています。どうやら「トイレそうじ」と「金運」はどこかでつながっているらしいというのが、私の経験則から導き出された「答え」です。

もし、あなたが本気で「金運」をアップさせたいと思っているのなら、「トイレそうじ」がおススメです。金運アップという目的達成のためには、どこを掃除するより、トイレが最も効率的かつ効果的なのです。

下心丸出しで、「金運」アップを目当てに「トイレそうじ」をすれば、「やらされている感」がなくなります。これはとても大きな違いなのです。

自ら進んで「トイレそうじ」をやっていると、気がつけば何時間も熱中していることがよく、あります。もちろん物理的にキレイになったトイレは気持ちいいですし、何よりそうやって「トイレそうじ」に何時間も熱中してしまう自分が、とてもいとおしく感じられ、自分で自分のことを思い切り、ホメてあげたくなるから不思議です。

その時、最初のモチベーションであった「金運アップ」のことはどこかへ飛んで行ってしまっているかもしれません。実は、その無心の状態こそ、最も願望が実現しやすくなる瞬間なのです。

「もう、どっちでもいいや」と思ったときに、最初のモチベーションであった「金運アップ」という現象が、臨時収入などという形でドカンと実現することになる。宇宙とは、そういう仕組みで成り立っているのです。

「金運アップ」という目的で始めても、結果として「はきものをそろえる」の習慣と同様、「自分をほめること」にもつながる、「トイレそうじ」は一石二鳥、三鳥の効果が期待できる、「最高の運命を引き寄せる習慣」なのです。「トイレそうじ」のこの仕組みが本当に腑に落ちれば、「トイレそうじ」は自然に習慣となってしまうことでしょう。

どこのトイレを使っても、使ったトイレは必ずペーパーでキレイに拭いて、キチンとフタを閉めて出てくるのが当たり前になります。それが習慣化されてくると、素手で便器を触ることにも段々、抵抗がなくなってきます。一度でも素手で便器の中に手を入れて、便器をこすることができるようになると、怖いものがなくなります（笑）。これは、**自分が勝手に決めていた限界を破るための大きなブレイクスルー**になることでしょう。

この限界を打ち破ることができれば、いつでも、どこでも、「トイレそうじ」ができるようになります。そうすれば、あなたは常にトイレを通じて、宇宙の無限の豊かさと常につながった状態になるのです。

この状態になれば、はっきり言って、もう怖いものナシです（笑）。

9

9がもつ「数字の暗号」

「９」は、１〜９の最後をつとめる数字であり、「この世」と「あの世」を含めた宇宙全体の「完結・調和」を現す数字です。全ての数字の要素を含んだ「まとめ・アンカー」の数として、「９周期」を暗示します。

「９」はその形から、アタマでっかちで、足元が不安定な「アタマを垂れた老人」を象徴し、「賢者」「メンター」「知恵者」を表します。そこから、「神秘能力」「隠された真理」「宇宙意識」などの「智慧」や「和」「統合」「結び」「リセット」などの意味をもつ数字として扱います。

「９」以上の数字はありませんから、ここで「終わり」。「元に戻る」のです。

　次の新たな「９周期」を迎えるために、手放すものと残すものを取捨選択し、一旦リセットするために、この日にふさわしい習慣に取り組んでみましょう。

9の習慣

捨てる

ワンポイント　感情を手放すために、「1分間・感情解放ワーク」に挑戦。

手の指を思い切り広げ、少し反らせるように両手を左右に振ることがポイント

さて、新しいことを始めるに当たって、一番、大切なことはナンだと思われますか？　それが、**今回の習慣、「捨てる」ということ**です。

人生において何かトラブルが起こるのは、「流れ」に逆らっているサインです。私たちの人生がうまくいかないのは、宇宙の「流れ」に逆らっているからに他なりません。

「出す」が先で、「入れる」は後。これが宇宙の基本ルールです。

赤ちゃんがこの世に生まれて最初にするのは、泣くこと。つまり、息を吐くから人生がスタートします。そして、人生の最後は「息を引き取る」、つまり、息を吸って、空気を入れて、人生が終わるのです。

宇宙的にはあらゆることが、この順番で成り立っているのに、私たちは「出す」ことに抵抗があります。

どうしても出したくなくて、今、あるものにしがみついてしまいます。これを「執着」と呼ぶのですが、何かに執着している限り、どこへも行けない「行き止まり」「終着駅」になるだけです（笑）。

新たなスタートを切るために一番、必要なこと。それは「捨てる」こと、「手放すこと」です。

古いものをちゃんと手放せていないのに、新しいものをつかむことはできません。両手いっぱいに荷物を抱え込んでいる状態で、どうやって新しい何かを受け取ることができるのでしょうか？　新しいものを受け取るためには、今あるものを、持っているものを一旦、手放す必要があるのです。それが「捨てる」ということです。

「モノを捨てる」ということは、具体的なカタチを手放すということだけに留まりません。すべてのモノには、そのモノがもつ情報やそのモノに対する「思い」つまり、エネルギーが必ずくっついています。その「思い」のエネルギーが、「重い」のです。それが運命の波にのれない原因かもしれません。

現実的にモノを捨てるということは、そのモノにまつわるエネルギーも同時に捨てることになるのです。モノを捨てるとその分、必ず心が軽くなります。

モノを捨てれば、物理的にもスペースが生まれますが同時に、**心の中にも余裕の「空きスペース」が生まれ、エネルギー的にも軽くなるのです。**

モノを捨てようとすれば、誰でも迷いが出るものです。

「あとで必要になったら、どうしよう？」とか、「まだ使えるのに……」と思うのも人情ですが、それこそそれはモノとしての「機能」に価値を置いているのではなく、そのモノにまつわる「情報」や「思い」が手放せないと宣言しているのと同じです。

「掃除する」「整理する」「捨てる」

これらを具体的な行動として、実践してみてください。「捨てる」ことにドンドン慣れて、習慣にしてしまうことです。

最初はつまらないもの、どうでもいいものから、ドンドン捨ててください。

つまらないモノやどうでもいいモノをもっているのは、「心の重荷」を抱え込んでいる証拠。その状態では残念ながら、成幸者になることはできません。

人生の最期、あの世に還るときに、もっていけるモノなど何ひとつありません。最終的にすべてモノは「手放す」ことになるのですから、あとは遅いか、早いかだけの違いです。

いいですか？「本当に大事なもの」は、捨てることなどできません。**「捨てられる」という事実が、それが「本当に大事なもの」ではないのを物語っています。**「捨てる」習慣が身につくと、最初からゴミになることがわかるので、不要なモノを買わなくなります。これこそ、究極のエコロジー習慣です。

9

「1分間・感情解放ワーク」エクササイズ

ここで「オマケ」として、**とても効果的な「感情」の手放し方**を公開します。とっても簡単で、しかも効果はバツグンのエクササイズなので、これも習慣にしていただけると、うれしいです。

まず一日1～2分でよいので、夜、寝る前に静かな時間をもちましょう。テレビやラジオ、パソコンなどは全部消してください。音楽も歌詞のあるものは止めて静かなリラクゼーションCDを鳴らす程度にしましょう。

足を肩幅程度に開き、背筋を伸ばして立ちます。その姿勢でゆっくりとした深呼吸を三回繰り返します。

息を整えたら、目を閉じて、両手重ねて、自分の胸の上で組み合わせます。右手が上で、左手が下。手の平で自分の胸の鼓動を感じるようなイメージです。その状態で、今日一日に味わったネガティブな感情のことを少し思い起こしてみましょう。

「仕事で上司にミスを指摘されて、情けなくて、へコんだ」
「恋人の何気ない、ひと言に結構、傷付いた」
「満員電車の中で、足を踏まれて、腹が立った」
「友達からメールの返事が届かなくて、悲しかった」などなど。

日常の些細なことでよいのです。しかし思い起こしてみると、私たちのハートは日々、ネガティブな感情をたくさん感じ、溜め込んでいることに気づくかもしれません。**それをまずはしっかりと感じることが大切です。**

「情けなかった。傷ついた。腹が立った。悲しかった」などの感情を思い起こし、胸に手を当てたまま、しっかりと感じます。そのとき、本当に悲しくなってきたら、ガマンせず、涙を流すのもＯＫ。自分の気持ちをごまかさず、しっかりと感じ切ることが大切です。ネガティブな感情をしっかりと感じ切ったと想ったら、目を開けて、胸の上で重なっている自分の両手を眺めます。

そして両手を重ね合わせたまま、手を胸の上から身体の前方にゆっくりと離していきます。

それを目で追いかけてください。これは胸にしまいこまれたネガティブな感情をイメージの中で引っ張り出している作業です。

両手を重ねたまま自分の胸から30センチくらいのところまで、ネガティブな感情を引っ張り出す動作をしたら、今度は、両手の平を身体の前に突き出し、しっかりと腕を伸ばし、指を大きく広げ、バイバイの要領で両手を左右に激しく振ってみてください。これを約30秒ほど続けます。最初は、もっと短くてもかまいませんが、両手をしっかりと振ることがポイントです。

さらにバイバイの要領で手を振るときは、必ず「笑顔」をつくること。楽しくなくてもかまいません。できれば大きく口を開けて、歯が見えるくらいの「つくり笑い」をすること。エアロビクスのインストラクターやシンクロの選手になったつもりで、飛び切りの「笑顔」をつくることがポイントです。

30秒間ほど、笑顔で両手をバイバイし続けたら、それでこのエクササイズは終了です。

たった、これだけのことですが、これでグッスリと深い眠りが約束されますし、翌朝の目覚めはまるで違うものになるでしょう。このエクササイズを寝る前の習慣にしてしまえば、**ネガティブな感情を溜め込み、翌日に持ち越すことがほとんど解消され、最高の運命が自然に引き寄せられてくるハズです。**

自信をもって、おススメしますので、ぜひチャレンジしてみてください。

「10～18」の「最高の運命を引き寄せる習慣」

⑩ ⑪ ⑫ ⑬ ⑭ ⑮ ⑯ ⑰ ⑱

『外側に向かって、ひとりで投げかけてみること』

「10〜18」の二桁台の数字になると、数字の波動が複雑に絡み合ってきます。
基本的には、ひと桁ずつ単数で足した数字が、二桁の数字を代表する数字。「10」なら「1＋0＝1」、「12」なら「1＋2＝3」ということです。

しかし、それぞれの数字がもつ要素も、当然、強く影響します。「10」には「10」の、「12」には「12」の独自固有の「暗号」も存在するため、二桁台の数字の場合は、この二つの要素をバランスよくみていく必要があるのです。

さらに10番台は最初に「1」がつくので、全体として「1」の波動にも影響されます。「1」は「スタート」の数字であり、「外に向かう矢印」を象徴します。10番台の習慣については、引き続き「自分ひとりでできること」に絞り込みながらも、外に向かって行動し、積極的にエネルギーを投げかけていくことを意識してみましょう。これがこのステージの習慣にとって、大切な共通ポイントです。

10

10がもつ「数字の暗号」

二桁以上の数字の暗号を読み解く場合、「単数にして足し合わせる」という法則があります。「10」の場合だと、「1＋0＝1」となり、「10」が持つ「数字の暗号」は、基本的に「1」と同じということです。

しかし一方で「10」は、「1」と「0」から成り立っており、ここにも独自の暗号が隠されています。「1」は「スタート」や、「この世の始まり」も意味し、「0」は「あの世」を意味し、数字のパワーを増幅する性質をもっています。

つまり、「10」は「この世」と「あの世」の「すべて」を表す数字だと言えます。「十分」「一を聞いて十を知る」「十《じっ》把《ぱ》一《ひと》絡《から》げ」「十人十色」など、「10」は「たくさん」「全部」「すべて」という意味を象徴しており、「1」よりも、さらに大きなスケールとパワーを表す数字なのです。

10の習慣

神社にいく

ワンポイント 「お賽銭」をポチ袋に入れて用意する。

神社でのご祈とうもおススメ。ご祈とう料はお賽銭を納めているのと同じです

あなたが本気で運気をアップさせ、人生に奇跡を起こしたいと願っているなら、強くおススメしたい習慣があります。そう、それが、**今回の「最高の運命を引き寄せる習慣」、「神社にいく」**です。あえて、「神社に参拝する」と書かなかったのには理由があります。

もちろん、参拝するに越したことはありませんが、参拝しなくてもいいのです。神社に足を運ぶだけでも十分、価値はあります。神社はいわゆる宗教施設ではありません。少なくとも、私はそう認識しています。神社は神様を崇拝するための施設ではありません。なので、無理に参拝しなくてもかまいません。ただ、神社に行くだけでよいのです。

10

神社は最も身近な「スピリチュアル・サンクチュアリ（聖域）」であり、パワースポット（エネルギースポット）ですから、そこに行くだけで、いろんな「いいこと・恩恵」があるのです。

神社とは信仰の対象ではなく、「場のシステム」に他なりません。神社には崇拝すべき偶像や教典などは存在しません。多くの人は本殿や拝殿で参拝していますが、そこに拝むべき対象である偶像や教典のような「何か」があるワケではありません。形式上、参拝しやすい形を整えてはいますが、本殿や拝殿には基本的に何もないのです。

普通、本殿や拝殿に置かれているのは、「鏡」です。あなたが参拝するとき、「鏡」に何が写っているのかと言えば、あなた自身です。**神社とは、あなたが「本当のあなた」と対面する場に他なりません。**あなたが「本当のあなた」に気づき、その存在を認め、感謝を捧げるための場が神社であり、「願掛け」や「神頼み」に行くところではないのです。

人間は、宇宙、地球、大自然の一部であり、自分自身が元々、神の一部であることを思い出させてくれるのが、神社というシステムなのです。**神社とは、そこを訪れる人が「リバース（再誕生）」「リセット」できるように、仕組み化された「自己浄化システムのための場」**です。基本的に神社は氣のいい「イヤシロ地」に建てられているので、そこを訪れるだけで、本来のエネルギーが回復し、元の氣に戻れる、つまり「元気」を取り戻せる「癒しの場（ヒーリングスポット）」に他なりません。

もちろん、すべての神社が「ヒーリングスポット」として高い波動を保っているワケではありません。基本的には掃除が行き届いているかどうかが、神社のエネルギーを見極めるためのポイントとなります。あまり人気《ヒトケ》のない神社やご神木や鎮守の森が失われている神社の場合は、エネルギーが低下して、人気《ニンキ》がなくなっているところもありますが、それでもまずは現在、暮らしているお家の近くの神社に通うことが大切です。

神社はネットワークで動いています。例えば「伊勢神宮」は日本の神社ネットワークのトップ、社長さんのような存在です。ですから、いきなり社長さんに会いに行って、個人的なお願い事をしてもほとんど効果はありません。まずは身近な神社を頻繁に訪れ、近くの神様と仲良くすることから始めましょう。**それを「習慣」にすることで、あなたと「本当のあなた」とのパイプがドンドン太くなり、それに伴い、あなたと神社（＝宇宙・自然）とのつながりも強くなっていくのです。**

できれば参拝時は、基本的に「人込み」を避けたほうがベターです。同じ行くなら、ごった返す「初詣」ではなく、人の少ない年末の「お礼参り」のほうが、何倍も効果的だと言えるでしょう。さらに、神社は太陽エネルギーの象徴でもあるので、できれば、午前中の参拝が望ましく、夕方以降の参拝は避けたほうがいいかもしれません。

その辺りも含めて、「基本的な参拝の手順」をまとめておきますので、参考にしてみてください。また、「神社に置かれている主なパーツの意味」についても、同様にまとめてみました。この意味を理解することで、神社にいくモチベーションがアップすれば、私としてはとてもうれしく思います。

ただ、「神社にいく」ことについて、基本的にタブーはありません。このとおりに参拝しなくてもバチが当たったりはしないので、心配ご無用。

形式を気にして、足が遠のいてしまうより、参拝方法などはあまり気にせず、ぜひ気楽に、頻繁に神社を訪れてみてください。

「神社と仲良くすること」は、特にこれからの時代に欠かせない、「最高の運命を引き寄せる習慣」になるでしょう。**神社のシステムは、日本が世界に誇る、素晴らしい「自己浄化システム」です。**「神社好き」かどうかは、これからの時代のリーダーにとって、欠かせない習慣のひとつだと私は確信しています。

神社にいくことに慣れてきたら、挑戦していただきたい習慣があります。

ぜひ、お札《さつ》の「お賽銭《さいせん》」にチャレンジしてみましょう。

もちろん、それがすでに習慣になっている方はかまいませんが、そうでない方は、これも自分の限界をブレイクスルーするための、新たなキッカケになると思うので、ぜひ、おススメします。

せっかく、お札でお賽銭をするのですから、「ポチ袋」を用意して、表書きは「御礼」「御玉串」「神恩感謝」などと書き、自分のフルネームも書き添えます。裏には住所を書いても構いません。お札はできるだけ新札を用意してください。それを「ポチ袋」に入れて、お賽銭箱にソッとすべらせるように入れます。このとき、決して投げないように……。

お賽銭は「本当の自分」に対して、宣言するための「覚悟料」みたいなものです。「本当の自分」に対して、お金を放り投げる人はいないでしょうし、「覚悟料」が小銭では、その覚悟もあまりアテになりません。自分がいただく側の立場になれば、極めて当然です。

清水の舞台から飛び降りるようなつもりで、お札での「お賽銭」に挑戦してみてください。その効果にきっと、あなたは驚くことになるハズですから。

神社に置かれている主なパーツの意味

「鎮守の森」……ミニミュア版の大自然、宇宙や自然と一体となる場が神社。

「鳥居」……結界のための扉、エネルギーシールド、この世とあの世をつなぐ門、玄関のようなもの。

「参道」……産道（再び生まれ変わるためのプロセス、道程）。真ん中は「光のとおり道」として開けておいて、端を歩く。

「お手水《ちょうず》」……「穢れ（＝氣枯れ）」を祓い、心身を清め、「禊ぎ（＝身削ぐ）」をするための場。（昔は「沐浴」してからお参りしていたので、「お手水」はその簡易版）。

「砂利」……「邪離」。音霊を用いて、穢れを祓い、瞑想《めいそう》状態に導くため。

「樹木」……「樹＝氣」のシャワー上から浴びて、穢れを祓い、禊ぎをする。

「鈴」……「ススを祓う」から来たもの。音霊を用いて、穢れを祓う。

「鏡」……「カガミ（鏡）」から「ガ（我・エゴ）」を取ると「カミ（神）」になる。普段の自分から「我」を取り除いた状態が、すなわち「神」であるということ。自分自身が「神」であるということを確認するための道具（ツール）。

「絵馬」……神馬は神の使いのシンボル、本来は「願い事を書く」ものではなく、「自らの意志を宣言するためのもの」。自分自身への「覚悟と宣言」を記すため、「～ように」と書くのはNG。

「お賽銭箱」……「もらっていただく」ものなので、投げてはいけない。「エネルギーは出すのが先」が大原則。ポチ袋に入れて、ソッとすべらせて入れるのが、おススメ。

「浄財」……「お金についたエネルギーをクリーニングする」という意味。

「おみくじ」……「吉兆」を占うものではなく、今の自分に最適なメッセージとして、持ち帰り、自らの諫めとする。

「ご神木」……大自然の象徴。ご神木に触れて、深呼吸をすれば「本当の自分」に戻れるパワースポット。

「摂社・末社・別宮・奥の院・磐座」……本殿よりも、こちらのほうがより強力なパワースポットになっているところも多い。

基本的な神社参拝の手順

・まずは鳥居の前で軽く一礼（サングラス、帽子はとる、境内での飲食は基本的に禁止）。
・参道は端を通り、真ん中を歩かない（真ん中は神様の通り道（＝「光の道」）なので、エネルギーを遮らない。樹（＝氣）のシャワーを浴びて、砂利を踏みしめて歩くことに意味がある）。
・お手水を使う（ひしゃくに直接、口をつけて、水を飲まない。穢れを払うため、口はゆすぐだけ）。
・鳥居の前では、その度に軽く一礼（帰る時も鳥居をくぐれば、振り返って本殿に向かって、一礼）。
・本殿の鏡に向かって、基本「二礼二拍手一礼」の作法（あまり作法にとらわれ過ぎないこと。感謝の想いで参拝すれば、間違いはない）。
・神前では『○○神社の大神様、いやますますのご開運をお祈り申し上げます』と祝詞を唱えたあと、自らの願望を「現在形（～します）」で宣言し、「ありがとうございます」と感謝の言葉で締める。
・本殿から伸びる「光の道」を横切らないように注意。横切るときは、立ち止まって、本殿に向かって軽く一礼するとベター。
・神社は本殿に「何か」があるワケではない。自らの感覚を大切にして、好きな場所を見つけ、そこに留まって、エネルギーを感じてみることが大切。
・時間が許せば、ご祈とうを受けることをおススメします（五千円程度～、祝詞、お神楽、お土産つきで、瞑想もできるお得なシステム）。
・神社内の石、樹、葉などは基本的に持ち帰らないよう、注意してください。

11

11がもつ「数字の暗号」

二桁のゾロ目の数は、特別な意味をもちます。「はづき数秘術」では特に、「11」「22」「33」という３つの数字は「マスターナンバー」と呼び、「神聖な数字」として扱います。

「11」は、「革命・革新」を暗示する、スピリチュアルな数字です。西洋ではオカルト的な意味合いの「受胎・創造」を表し、東洋では、あの世とこの世の一切を救うとされる「十一面観音」に見られるように、「天と大地の結合」「大宇宙と小宇宙との共鳴」「精神性の向上や統合」などを象徴します。

「１」をふたつもつ「11」は「二つの矢印」「二面性」などを象徴し、特に感性の高いスピリチュアリティと強いメッセージ性をもつ数字です。この数字をもつ日は、全体に大きな影響力を持つので、くれぐれもネガティブな言動には要注意です。

11の習慣

ヒラメキを活かす

ワンポイント **直感に従い、理由は後づけ。保証や結果を求めない。**

第一印象が特に大切。「迷ったら、迷わず、楽しい道を行け！」です

人生で本当に成幸しようと思うのなら、アタマで考えてばかりいてはいけません。アタマで計算している限り、最高の運命は引き寄せられません。

脳がどんなに優秀な機能をもっていても、実際に使われているのは全体の10%にも満たないと言われています。この世の中の出来事も、「わかっていること」はごく一部に過ぎず、「わからないこと」が大半を占めています。

その「わからないこと」の中から、直接「答え」を引き出す能力のことを「ヒラメキ」とか「直感」と呼ぶのです。成幸者で、この「ヒラメキ」や「直感」の力を活用していない人など、ひとりもいません。「ヒラメキ」や「直感」の力を活かすことこそ、人生の成幸者になるためには欠かせない、必須条件だと言っても、決して過言ではありません。

しかし一方で、「ヒラメキを活かす」とか、「直感力を磨く」などと言われると、それは選ばれた人だけの才能で、何か特別な修行のようなものをしないといけないように感じておられる方も多いでしょう。

実際、昔は私も「ヒラメキ」や「直感」のことをそんな風に思っていました。「私、直感とか、ないんですよ」とおっしゃる方も見かけますが、それは「直感」がないのではなく、**「直感」に気づいていないだけ**のこと。

「ヒラメキ」や「直感」がない人など、この世に存在しません。「ヒラメキ」や「直感」は、息を吸ったり、吐いたりするのと同じこと。生まれてからずっと、誰もが当たり前のように使っているので、改めて「ヒラメキ」や「直感」と言われると、なんだか、もっとスゴイことを想像して、少し萎縮してしまっているだけに過ぎません。

「ヒラメキ」とは、「なんとなくの感じ」です。

「なんとなく、こっちの方がいいように思う」とか、「なんとなく、こっちはイヤな感じがする」とか、誰にでも「なんとなく……」はあると思います。

確かに素晴らしいアイデアを思いついたり、一瞬にして「答え」がパッと閃いたりすることもあるでしょうし、それも「ヒラメキ」のひとつですが、そうした劇的な「ヒラメキ」だけが、「ヒラメキ」なのではありません。

はっきりとした理由のない、「なんとなくの感じ」も、間違いなく「ヒラメキ」なのです。その「なんとなくの感じ」を無視してしまうことによって、「ヒラメキ力」はドンドン衰えてしまうことになるので要注意です。

「ヒラメキを活かす」ためには、この「ヒラメキ力」を鍛えなければなりません。筋肉と同じで、「ヒラメキ」もドンドン使って、鍛えないと、衰えていくばかり。……で、「ヒラメキ力」を鍛えるためには、どうすればよいのか？

ポイントは、「ヒラメキを裁かないこと」です。

つまり、**「ヒラメキ」に「よい・悪い」をつけないこと。「ヒラメキ」に「結果を求めないこと」**。これが「ヒラメキ力」を鍛え、「ヒラメキを活かす」ためのコツになります。

人生で成幸するために「ヒラメキを活用する」と言っているのに、「結果を求めない」というのは、どういうことか？　もう少し解説してみましょう。

私たちのアタマは、自分にとって「都合のいいこと」を「よいこと」、「都合の悪いこと」を「悪いこと」として判断しています。もちろん、それも間違いではないのですが、その判断基準は極めて、ミクロで短期的。近視眼的で、その場限りだと言わざるを得ません。

あなたも自分の過去を振り返ってみれば、思い当たることがあると思いますが、そのときは確かに辛い出来事だったかもしれませんが、今から思えば、その辛い出来事があったお陰で、成長できたとか、結果的によかったとか、今があるとか、きっとそんな経験をしていることと思います。

そのときの自分にとっては「都合の悪いこと」だったかもしれませんが、振り返ってみると、結果的に「よいこと」につながっていたというケースは、人生においてはたくさんあります。では、その出来事は本当に「悪いこと」だったと言えるのでしょうか？

「ヒラメキ」とは、自分にとって「都合のよいこと」だけを選び取るチカラのことではありません。**あなたにとって、「本当に必要なこと」「本当に大切なこと」を選び取るチカラのことです。**ですから、中にはあえて「ヒラメキ」が一見、「都合の悪いこと」を選択する場合だってあるのです。

それは「ヒラメキ」が間違えたのではありません。**「ヒラメキ」や「直感」に間違いはありません。間違えるのはアタマの方で、解釈の仕方を間違えるのです。**そこにだまされてはいけません。「ヒラメキ」に従って、選択したけど、いいことがなかった。失敗した。間違えた。だから、私には「ヒラメキ」がない……。あなたもそんなふうに勘違いしてはいないでしょうか？

実はこれが「ヒラメキ」が働かなくなるメカニズムなのです。

「ヒラメキ」に「よい・悪い」はないのです。「なんとなく……」。そう感じたら、それが正解。思ったような結果が得られなかったとしても、それを「ヒラメキ」のセイにしてはいけません。まずは「ヒラメキ」に素直に従った自分をほめてあげることです。さらに当初、予想していた結果が出ていなくても、別の何かがもたらされていないかを注意深く見てみることです。

例えば、「ヒラメキ」で選んだお店のランチがまずかったとしても、そのお店で偶然、会いたいと思っていた人にバッタリ会うとか、そういうことです。その場合、「ランチがまずい」のは間違いではなく、「会うべき人に会う」ために、「ヒラメキ」がそのお店を選んでくれたので、大正解なのです。

「ヒラメキ」の場合、理由は後づけです。「ヒラメキ」の理由なんて、どうでもいいのです。「ヒラメキ」に保証を求めてはいけません。**「ヒラメキ」がやってきたら、素直に「ヒラメキ」に従って、行動してみること。**これを習慣にすれば、あなたの人生は間違いなく加速することになるでしょう。

12

12がもつ「数字の暗号」

「12」は、一桁ずつ足すと「１＋２＝３」となり、「３」の要素をもっています。「１」はお父さん、「２」はお母さん、「３」は子供を表す数字ですが、「12」は「１，２，３」という数字の基礎となる、すべての要素をもっています。そのため「無限の可能性」「快活さ」「リズム感」「流れ」「創造性」「新たなものを生み出すチカラ」などを象徴する数字と読み解きます。

「１」と「２」が並ぶと自然に「３」が導き出されるような、自然な「流れ」や「リズム感」が、「12」のポイントとなります。

この日は、明るく軽く元気よく、初めてのことに挑戦してみるのにピッタリです。好奇心の赴くまま、無邪気な子供心を活かして、レッツ・トライ！

12の習慣

人間以外のモノに声をかける

ワンポイント　身の回りのモノに好きな名前をつけてみましょう。

直感を活かして、名前・ニックネームをつけて、親しみを込めて呼んでみて……

この世のすべては「波動」というエネルギーで成り立っています。「波動」、つまり「波の動き」ですね。

学生時代、化学の授業で学んだと思いますが、物質をこれ以上、細かくできないというレベルにまで細かくした最小単位が「原子」と呼ばれるもの。「原子」の中心には「原子核」があり、その周りを「電子」と呼ばれるものが回っているという「原子モデル」を覚えているでしょうか。あなたも、「スイ・ヘー・リー・ベ……」で始まる元素記号を覚えさせられたのではありませんか？

このとき、「すべての物質がこの原子からできている」と習ったハズですが、私たちはここで大きな見落とし？　をしています。すべての物質の元となる原子において、「原子核の周りを電子が回っている」ということは、どういうことか？　その意味するところが、おわかりでしょうか？
これはすべての物質が、「常に動いている」「固有のエネルギーをもって、運動している」ということに他なりません。すべての物質が常に動いているのですよ。改めてこれはスゴイと思いませんか？

ここで難しい理屈を解説するつもりはありませんが、**「すべての物質が常に動いており、独自固有のエネルギーをもっている」**という事実はとても大切なことなので、ぜひ覚えておいていただきたいと思います。これが今回の「最高の運命を引き寄せる習慣」にもつながってくる、大切なポイントです。
いいですか？　あなたの周りにある「すべてのモノ」、生き物はもちろん、無機物と呼ばれる建物やお家、車や自転車、洋服や食器、パソコンや机やイス、スマホや携帯に至るまで、すべてのモノが「常に動いており、独自固有のエネルギーを持っている」のです。

地球上では私たち人間が、最も自由度の高いエネルギーをもった存在です。

さらにエネルギーは高いところから、低いところへ流れる性質をもっています。……ということは、私たち人間のエネルギーが、周りのあらゆるモノに流れていっている、常に影響を与えているということに他なりません。

一流の職人やスポーツ選手は道具をとても大切に扱うと言われます。また日本では古くから「針供養」が行われたり、「人形」や「車」をお祓いしたりしますが、これも「モノ」＝「エネルギーの塊」と考えれば、ちゃんと辻褄《つじつま》が合うのです。「すべてのモノには魂が宿る」というと、古臭い迷信のように感じられますが、「すべてのモノはエネルギーで成り立っている」と言われれば科学的に聞こえます。しかし、それらは本質的に、どちらも同じことを言っているに過ぎません。

成幸者とは、「あらゆる人やモノから応援されている人、愛されている人のこと」ではないかと、私は考えています。では、どうすれば、あらゆる人やモノから応援され、愛されるようになるのか？

答えは簡単。まず、自分以外の「あらゆる人やモノ」を応援し、愛すればよいのです。そうすれば、そのエネルギーが自分自身にはね返ってくるのです。

ただ、そうは言っても「人」の場合、エネルギーが強いですし、ダイレクトに返ってきますから、「あらゆる人」を対象にするのは、かなり難易度が高いと言えます。ですから、私のおススメは、**「まずは身近なモノを愛することから始めましょう」**です。

具体的には、身近なモノを丁寧に扱い、常に声をかけ、優しく扱うことを心がけてみるのです。モノをそうやって「愛」をもって扱っていると、モノもちゃんと応えてくれ、「ここぞ！」というときに、応援してくれるようになります。

モノをただのモノとして扱うのか、それとも「エネルギーの塊」としてキチンと愛をもって、扱うことができるのか。これが「成幸者」とそうでない人との大きな違いを生むことになるのです。

まず「モノにあたる」のは慎みましょう。もちろん、「人にあたる」よりはマシですが、モノも「エネルギーの塊」なのです。モノに対して出したネガティブなエネルギーは、そのモノに蓄積されます。ネガティブなエネルギーが蓄積されたモノは、やはりネガティブな現象となって現れます。

つまり、「壊れる」「故障する」「止まる」などです。

「大事なときに壊れてしまう」「よくモノを買い換える」「事故や故障が多い」「なんだかツイてないな……」。もし、あなたがそんな風に感じているとしたら、それはそのモノがあなたのネガティブなエネルギーを蓄積してしまったセイかもしれないので、注意してみましょう。

この状態をケアするのも、実は簡単です。

そのモノに優しく触れて、「ごめんね。いつもありがとうね。感謝しているよ」と声に出して言えばいいのです。ただ、それだけ。最初はこれを自分だけが使う身近なモノ、例えば携帯やパソコン、車などから始めて、段々と対象を増やしていけばよいのです。これを習慣にするか、しないかでは、「ここぞ！」というときに大きな違いが生まれます。

さらにできれば、**毎日使うような愛着のあるモノに対しては、名前をつけることをおススメします。**名前をつけるということは、あなたがそのモノが持つ「独自固有のエネルギー」を認めているということに他なりません。「独自固有のエネルギー」を認められたモノは、あなたに喜んでもらいたくて、ますます応援してくれるようになるのです。それが、あなたの「ツキ」を加速させ、成幸へと導いてくれることになります。

まずは、自分の身近なモノから始めること。モノにつける名前は直感で決めてください。そして、一日に一回は名前で呼びかけてあげましょう。「○○ちゃん、いつもありがとうね。今日もよろしくお願いします」と声をかけて一日を始め、「○○ちゃん、今日もとってもよくがんばってくれたね。ありがとうね。明日もよろしくね」と言って、一日を終わるようにします。

これだけで、そのモノのトラブルは劇的に減るハズです。これも習慣になるまで、ぜひ続けてみてください。その効果にあなたはきっと、ビックリすることになるでしょう。

13

13がもつ「数字の暗号」

「13」は、一桁ずつ足すと「1＋3＝4」となり、「4」の要素をもちます。

「1」と「3」は共に男性性のエネルギーで、「4」が現実を表すため、「13」は「強いパワー」「大きな権力」「現実的な支配」などを象徴する数字です。

「13」と言えば、「13日の金曜日」でお馴染みのとおり、西洋では「不吉な数字」とされていますが、これは多分にウソが含まれています。トランプのキングが「13」であることからもわかるとおり、「13」は非常に「パワフルな数字」であり、「支配者」のエネルギーをもっているため、支配者層から見れば、庶民にはあまり使って欲しくない数字なのです。

「13」は、現実的なエネルギーを形に表し、定着させるのには最適な数字ですから、自分のやっていることを形に現し、積極的に周りに投げかけてみることをおススメします。

13の習慣
元にもどす

ワンポイント **お世話になった場所やモノに対して、手を合わせる。**

合わせた手の先を対象物に向け、しっかりと目を開けて見て、頭を下げましょう

仕事がら、よく新幹線を利用しますが、その時々でグリーン車を使ったり、普通車に乗ったり、いろいろです。グリーン車と普通車の値段は、東京〜大阪間で片道5千円くらいの違いですが、値段以外の違いはナンだと思います？

そこに「最高の運命を引き寄せる習慣」のヒントが隠されているのです。

もちろん、グリーン車に乗っている人がみんな成功者で、普通車に乗っている人は凡人だと言うワケではありません。確かにグリーン車に乗るお金を出せるという点では、成功者だと言えるかもしれませんが、本書で目指しているのは「**成功**」ではなくて、「**成幸**」です。

では「成幸者」の習慣とは何なのか？　そのヒントはやはり、グリーン車と

普通車の違いにヒントがあると私は思っています。

新幹線のグリーン車と普通車の違い……。それは「元にもどっている度」の違いではないかと、私は思っています。「元にもどっている度」とは、「座席をキレイに使って、元通りにもどしてから、新幹線を降りる人の割合」という意味です。グリーン車の場合、車掌さんが何度か回って来て、ゴミを回収してくれるというサービスがあるので、単純に比較することはできませんが、両方の車両を経験した私が観察した感じでは、やはりグリーン車と比べると普通車のほうが「ゴミ残り確率」も「座席の背もたれ、そのまま確率」も明らかに高いように思います。

さらにトイレのキレイ度でみても、やはり普通車と比べると、グリーン車のトイレのほうがキレイな状態で保たれているように思います。これらは些細な違いですが、この些細な違いが結局、大きな違いを生むことになるのではないでしょうか？

新幹線は始発から乗れば、基本的にキレイに整っているハズですが、途中の駅で、ゴミを散らかしたまま、さらに読み終わった新聞や雑誌を座席のポケットにそのまま放置し、座席のリクライニングも倒したままにして、降りていく方も少なくありません。これは道徳的かつ、社会的なマナーがなっていないということではなく、エネルギー的に見て、明らかに「損」な行為です。

「12の習慣：人間以外のモノに声をかける」でも触れた通り、モノは「エネルギーの塊」です。当然、新幹線の座席だって、固有のエネルギーをもっています。せっかく、キレイな状態で、私たちを迎えてくれたのですから、できる範囲でキレイなエネルギーの状態で、次に乗る方に引き継ぐ姿勢は大切だと思うのです。

汚したままで離れるのは結局、自分が出したエネルギーが、廻りまわって自分のところに返ってくることになるだけなので、長い目で見ると、明らかに自分にとって「損」なのです。

こんな小さなところにでも、**「投げかけたものが、受け取るもの」**という**「宇**

宙の法則」がちゃんと活かされていると知ることです。

結局、これも習慣なのです。**「使ったモノは、キチンと元にもどす」という習慣さえ、身についていれば、別にどうということはありません。**

確かにゴミをもち帰ったり、リクライニングを元の位置にもどすのは、面倒くさく感じるかもしれませんが、エネルギー的にみて、座席を汚したまま放置して、ネガティブなエネルギーを撒《ま》き散らすというデメリットを考えると、とてもワリが合う行為ではありません。

そういう習慣が身についているから、グリーン車に乗れるようになったのか、それとも、グリーン車に乗るようになると、そういう習慣が自然と身につくようになるのかは、定かではありませんが、グリーン車と普通車とでは、明らかに「元にもどっている度」の点で違いがあります。

私はホテルに泊まることも多いのですが、ホテルの部屋をあとにする場合も、できるだけ、「元にもどす」ということを心がけています。

これもあるホテル関係者の方から聞いた話ですが、安いホテルほど、宿泊者がチェックアウトしたあとの部屋が散らかっているそうで、逆に高級なホテルになればなるほど、キレイに片づいているのだとか。ホテルの場合、備品を持ち帰る人も多いようですが、これも高級ホテルになればなるほど、自分の使った分だけで、あとは手付かずの状態で残っていることが多いそうです。タオルなども一枚をキチンと使い、あとはそのままの状態で置かれているとのこと。これを聞いたとき、「やっぱり、グリーン車と同じなんだな」と感心しました。

「タダだから、全部もらっちゃえ」とか、「お金を払っているんだから、汚しても当然」という考え方でいる限り、残念ながら、本当に豊かになることも、成幸することもできません。**本当に豊かで成幸している人ほど、見えないところでもキチンとしているものです。それは「すべてがエネルギーで成り立っている」ことを、感覚的に理解しているからだと思われます。**

成幸者は、自分の出したエネルギーが結局、全部、自分に返ってくるという「宇宙の法則」がわかっている人です。

だから、成幸者は使ったモノはキチンと「元にもどす」ことが習慣として身についているのでしょう。これは結局、「割れ窓理論」と同じ原理。「壊れた窓」をそのままにしておくと、他の窓も壊されやすくなり、壊れたモノやゴミなども集まってきて、ドンドン環境が悪くなり、犯罪につながるという環境犯罪学上の理論ですが、汚れた環境が、汚れたエネルギーを呼び寄せ、ツキや運気を落とすことになることを、成幸者はわかっているのです。

使ったモノ、場所はできるだけ、キレイにして「元の状態にもどすこと」を心がけていると、そのモノや場所に対する愛着や敬意が生まれてきます。そのモノや場所、つまり座席やホテルの部屋に対して、自然に「ありがとう」の感謝がわいてきます。そのときはその場に向かって、手を合わせ、軽く一礼して、「ありがとうございます」と御礼を言ってみましょう。

スポーツ選手が競技場に向かって、一礼するのと同じ。ここまで習慣にできれば、完璧です。実に清々しい気持ちになって、運気も確実にアップするので、あなたもぜひ、チャレンジしてみてください。

14

14がもつ「数字の暗号」

「14」は、一桁ずつ足すと「１＋４＝５」となり、「５」の要素をもちます。

「１」と「４」はどちらも、その形は「矢印」を表し、明確な方向性をもつ数字です。また足し合わせた「５」は「自由と変化」を象徴する数字で、スピード感があります。これらの要素を総合的に判断すると、「14」という数字がもつ暗号は、「向かうべき方向が明確で、そこに向かって力強く、さらに勢いよくドンドン進んでいく数字」と読み解けます。

そこから「現実的な変化」や「新たな方向性」「果敢にチャレンジする」などのキーワードも浮かびあがってきます。つまり、この日は明確な目的やビジョンをもって、人生に思い切った変化を取り入れてみるのに、ピッタリです。

14の習慣

変身アイテムを用意する

ワンポイント　セカンドネームの名刺をつくる。

気に入った名前が決まったら、ちゃんと印刷した名刺をつくりましょう

人生を劇的に変化させたいと思ったとき、最も即効性のある方法は何かとたずねられたら、私は「外側を変えること」と答えるでしょう。

目に見えないスピリチュアルな領域と、目に見える現実的な世界とは密接につながっていて、本来、分けることなどできません。

姿形が美しい人の内面は、必ずしも美しいとは限りませんが、内面が本当に美しい人は、その姿形も必ず美しくなるものです。内側が美しく輝いている人は、やはり外側から見ても、その輝きは伝わります。それは容姿や体形の問題ではなく、内側からあふれ出るエネルギー、オーラの輝きだと言えるでしょう。

しかし、私たちが形ある世界で暮らしている限り、そのカタチを無視して生きていくことはできません。内側がよければ、外側なんて、どうでもいいとい

うことではないのです。

内側の変化には時間がかかります。新たな習慣をモノにするためには最短でも三週間～一カ月程度の時間がかかります。身につけたい習慣がたくさんあっても、すでに「古い習慣」が身についてしまっている場合は、もっと時間がかかるかもしれません。

しかし、**外側を変えるのは一瞬です。**髪型や化粧、着ている服をガラッと変えると気分が変わります。身につけるアクセサリーひとつで、瞬時にその人のエネルギーを変えてしまうことだって可能です。即効性こそ、外側を変えるときの最大のアピールポイントであり、一番のメリットだと言えるでしょう。

外側を変えることで即効性は得られますが、その反面、有効期限が短くなるのは避けられません。外側だけ変えても、内側がそのままでは、外側を変えることばかりにエネルギーが注がれ、「買い物依存症」や「整形依存症」に陥り、際限のない欲望に飲み込まれることになるだけです。

大切なのは、やはり内側と外側のバランス。内側を磨いてきた人は、外側を整えることにもエネルギーを注ぐべきですし、外側だけにお金をかけてきた人は、もっと内面を磨くことに時間とお金を費やしたほうがいいでしょう。

本書をお読みいただいている方は、どちらかと言えば、内側を磨くことに時間とお金を費やしてきた傾向が強いのではないでしょうか？　もし、そうなら、そんな人こそ、**外側に注目するチャンスです。**内面の美しさを、もっと積極的にアピールしてみましょう。そのために外側を整え、外側のカタチから思い切って変えてみることにチャレンジしてみましょう。

そこでおススメしたいのが、**今回の「最高の運命を引き寄せる習慣」である「変身アイテムを用意する」**です。外側を完全にガラッと変えてしまうのは、時間もお金も、そして多大なエネルギーも必要になります。今の外側の状態は、ある意味、自分の「好み」でできているものですから、それを一気に変えてしまおうとすると、どうしても抵抗のエネルギーが大きくなりますし、「今の自分」＝「ダメ」というレッテルを貼ってしまうことにもなるので、急激かつ無謀な変身はあまりおススメできません。なので、**おススメは「プチ変身」**です。**できれば、何かひとつ、ワンポイントでつけ加えたり、取り替えたりすることで、気分が変わるアイテムをもつことです。**これさえあれば、思い通りの自分に変身できるというアイテムを見つけることで、スムーズな変身が可能になり、人生の変化にも加速度がついてきます。

具体的な変身アイテムとしては、たとえば、「帽子」「メガネ」「サングラス」「コンタクト」「カラーコンタクト」「カツラ」「ウイッグ」「カチューシャ」「リボン」「アクセサリー」など。女性の場合は、化粧の仕方を変えるでもOKです。外側を変えることによって、自分の意識のスイッチを切り替えることが目的なので、自分でもつけていることがわかり、さらに周りの人からも確認してもらえるもののほうがベターです。もちろん、洋服でも良いのですが、できれば定番的に使えるようなもので、簡単に着脱できるもののほうが「スイッチ」の切り替わりが自分でも明確に意識できるので、おススメです。

例えて言えば、森田一義さんから、タモリさんへの切り替えスイッチとなる、サングラスのようなもの。**これを身につけるとカチッとスイッチが入るような「変身アイテム」を自分で決めて、用意しておきましょう。**

そういう意味では「芸名」や「ビジネスネーム」「ペンネーム」をもつのも同じ効果が期待できるので、おススメです。

ちなみに、「はづき虹映」は「ペンネーム」ですが、私の場合、「はづき虹映」用の「変身アイテム」をちゃんと用意しています。そのアイテムを身につけている間は、「はづき虹映」を明確に意識できますし、結局、その状態が長くなればなるほど、「はづき虹映」のキャラクターが、自分のキャラクターとして身についてしまうことになります。言ってみれば、本名の人格と芸名の人格が合体したり、入れ替わったりするようなものでしょうか？

人生に変化を望むのなら、最初は外側から、カタチから入ればよいのです。憧れの人のマネをし続けていたら、いつしかそれが自分の型として確立されるというイメージです。思い切って、「理想の自分」を演じてみましょう。「変身アイテム」は、その役柄になり切るための小道具です。

あなたの中で「理想の自分」のビジョンやイメージが明確になっているのであれば、ぜひそれにふさわしい「芸名」「セカンドネーム」をつけてみましょう。そして、その「芸名」「セカンドネーム」用の名刺をつくることです。それを初対面の方に渡せば、「新しいあなた」の誕生です。

「変身アイテム」を身にまとい、芸名を名乗り、芸名の名刺を渡せば、その名刺をもらった人にとっては、あなたはあなたでなく、まぎれもなく、「芸名」の人となるのです。そこであなたは「芸名」にふさわしい理想の人を演じればよいのです。**「変身アイテム」を活用して、「最高の自分」を演じることで、「最高の運命」が引き寄せられてくるのです。**

結局、「最高の自分」を演じている時間を長くしていくことが、「最高の自分」になるための安全かつ確実な近道になるのですから。

15

15がもつ「数字の暗号」

「15」は、一桁ずつ足すと「1＋5＝6」となり、「6」の要素をもちます。
「1」は「始まり」の数字であり、「5」は「自由と変化」を象徴します。さらに「6」は、すべてを包み込む、「大きな愛」や「優しさ」を表す数字です。

ここから「15」という数字の暗号は、「大きな広がり」「変化・拡大するエネルギー」「力強い優しさ」「あらゆるものを包み込み統合するパワー」などと読み解けます。

この日の波動にふさわしい習慣は、「すべてのいきとしいけるものに対して、大きな愛を投げかけること」。自分の身の回りのものを、大きな愛で優しく包み込み、自分と調和させるような気持ちで接してみましょう。

15の習慣

花や草木にふれる

ワンポイント **身近な植物を使って、実験してみる。**

花や葉っぱに両手でふれて、ゆっくり三回深呼吸してみましょう

「12の習慣：人間以外のモノに声をかける」のところでも説明したとおり、この世のすべては「波動」と呼ばれるエネルギーで成り立っています。頑丈に見えるモノでさえ、原子レベルでは独自固有のエネルギーをもって、常に激しく動いているのです。もちろん、命を持たないモノ、無機物でさえ、そうなのですから、命ある生き物、植物などが私たちとエネルギー的に相互に影響を及ぼしあっていることは、誰でも想像がつくと思います。

「木」や「樹」は、「氣」とイコールです。

「氣」とは「エネルギー」そのものですから、**大自然のエネルギーの状態を最もストレートに表しているのが、「木」や「樹」**だと言えるでしょう。

森林浴とは、常に「樹」から放出されているエネルギーのシャワーを浴びて、私たちの「氣」の状態を整えることに他なりません。

「樹」のエネルギーは主に「葉」から、発せられます。「葉」とは「発する」「放つ」「張る」などと同じ意味で、エネルギーを発信するための場所を意味します。

針葉樹はその形のとおり、タテのエネルギーを発しており、本当にシャワーのように上から勢いよく「氣」を浴びせて、汚れを洗い流してくれるのです。針葉樹が多く植えられている神社の境内に入ると、なんだか背筋がシャンと伸びるような気がするのは、そのセイです。

一方、広葉樹の方は、こちらもその形のとおり、横に伸びるエネルギーを象徴し、ゆったりと大きく広がり、リラックスさせてくれるようなエネルギーをもっています。熱帯地方のリゾートエリアに行くと、リラックスできるのは広葉樹がもつ、こうした癒しのエネルギーによるところも多いでしょう。

植物は自分の意志で動くことができません。自由度が低い分、**植物の「氣」の状態は常に一定で安定しています。**「感情の起伏が激しいひまわり」とか、

「怒りっぽい桜」など、確かにちょっと想像できませんよね（笑）。

草食動物がおとなくして、感情が安定しているのも、植物のもつ、こうしたエネルギーによるものと考えられます。人間でも、動物性食品を避け、ベジタリアンになると、感情が安定してきて、おとなしくなるのも同じ理由だと考えられます。

植物がもつチカラの中で、私が最も注目しているのは、「ニュートラル力」です。「ニュートラル力」とは、「常に真ん中に居るチカラ」と言い換えてもいいでしょう。前述のとおり、植物は命があっても、自分の意志で動くことができないので、与えられた環境を受け入れるしかありません。

植物は「こんな場所じゃイヤだよ〜、ここじゃ、キレイに咲いてあげない」などと文句を言ったりはしません。常に自分の与えられた環境で、自分にできるベストを尽くすだけ。ネガティブに落ち込むこともなければ、ポジティブに頑張り過ぎることもありません。生きている限り、いつも同じ。常にニュートトラルな状態を保ち続けています。これが植物の持つ偉大なチカラであり、「ニュートラル力」だと、私は考えています。

私たち人間にとっても、この「ニュートラル力」こそ、最も忘れてはならない、一番大事なチカラだと、私は考えています。**ネガティブにも、ポジティブにも偏り過ぎない、この「ニュートラル力」を思い出すために、最も手軽に使えるのが、「花や草木にふれる」という習慣**です。

元々、日本人は四季折々の自然に囲まれて生活し、農耕民族として、常に植物にふれて生きていました。そんな生活スタイルの中では、取り立てて「ニュートラル力」を意識する必要はありませんでした。しかし今は違います。

あなたは日々どれぐらい、生きている植物にふれているでしょうか？　切花でもよいのですが、できれば、ちゃんと根がついた花や草木にふれることが大切です。その生きている植物にふれ、大きな樹なら、幹に手を当て、小さな植物なら葉っぱに触れて、深呼吸を繰り返すだけでよいのです。

それだけで、すぅーと呼吸が楽になり、心が落ち着き、「真ん中」に戻ってくることが可能になります。花や草木にふれて、深呼吸を繰り返すだけで、あなたは自分の中に「ニュートラル力」を取り戻すことができるようになるのです。こんなに手軽で、即効性のある習慣を取り入れない手はありません。

毎日、身近な植物に触れることが習慣になってくると、植物とだんだん仲良しになってきます。そうすると、なんとなく植物の気持ちがわかるようになってくるかもしれません。もちろん、植物とお話しできる「不思議ちゃん」を目指さなくても構いませんが、植物と自分のエネルギーが交流している感じは、きっとわかるようになると思います。

モノと同じで、植物に対しても声をかけてあげると、植物も明らかに元気になってきます。

あなたが毎日、触れる植物を決めたなら、ぜひ、実験してみましょう。葉っぱや幹に触れるとき「いつもありがとうね。感謝しています。ずっと元気でい

てね」などと声をかけてみましょう。

そうして毎日、声をかけ、触れている植物と、そうではない植物の育成状況や花の持ちなどを比べてみてください。その違いにあなたはきっと、驚くことになるでしょう。

ここでも「投げかけたものが、受け取るもの」の法則が成り立ちます。

植物に対して、そういう愛と感謝のエネルギーを投げかけるコトを習慣にしたあなたの元に、どんなエネルギーが返ってくるのか、想像しただけで、楽しくなってきませんか？

これぞ、「最高の運命を引き寄せ習慣」のひとつに他なりません。

16

16がもつ「数字の暗号」

「16」は、一桁ずつ足すと「１＋６＝７」となり、「７」の要素をもちます。

「１」は「スタート」、「６」は「愛と調和」を表す数字で、どちらも「まとめるチカラ」をもつ数字です。さらに「７」は「ひとりで完成させるチカラ」を表すので、そこから「16」のもつ数字の暗号は、「全体をまとめるリーダーシップ」「ひとつの完成形」「独自スタイルの提示」「ひとつの方向性に向かって、調和・集約するチカラ」などと読み解くことができます。

　この日にふさわしい習慣としては、「自らの内側と外側の統合」「目標を明確にして意図を放ち、具体的な行動を起こすこと」などを意識して、新しいことにひとりでチャレンジしてみることをおススメします。

16の習慣

本を読む

ワンポイント　著者に対して、ファンレター（メール）を書いてみましょう。

ネット上にレビュー（感想）を書いてみるのもおススメです

成幸者の習慣として必ず挙げられるのが、この**「本を読む」という習慣**です。

これは確かに身につけていただきたい習慣ですが、あなたはこうしてすでに本を読んでいるのですから、ここで「本を読むことの意味やメリット」について、改めて解説する必要はないでしょう。なので、ここでは「本を読む真の目的」や「本をどう読めばよいのか」「本を読んだあと、どう活用すればよいのか」について、少し解説してみたいと思います。

あなたは本を読むとき、その目的を明確に意識しているでしょうか？　実用書やノウハウ本の場合は、「情報を得る」という目的が比較的はっきりしているので、その目的が大きくブレることはあまりないでしょう。

こうした自己啓発がらみの本の場合、「成功したい」とか、「よりよい人生を送りたい」ということが、本を読む目的になると思うのですが、その前に「成功するというのは、どういう状態なのか」とか、「自らが目指す、よりよい人生とはナンなのか」をはっきりさせておかないと、本を読めば読むほど、ワケがわからなくなってしまうので、要注意です。

「本を読む真の目的」とは何かの情報を得ることではなく、自分の中に在る「答え」を引き出すためだと、私は思っています。

足りないものを補おうとしたり、知識をプラスするのではなく、「あぁ、そうそう……」「その通りだよな〜」と著者の考え方と素直に共鳴できるかどうかが大切なポイントです。共鳴するということは、著者と同じものが自分の中にあるという証拠なのですから……。

あなたは本から新たな知識を得た、教えてもらったと思っているかもしれませんが、実はそうではありません。**元々、自分の中にあった「答え」を、その本を通じて、思い出しただけ**なのです。そうした気づきを促してくれる本こそ、本当にいい本であり、そこに読書の真の目的があると、私は思います。

さらに、**本は「最も手軽に、自分ひとりの時空を作れるサポートアイテム」**でもあります。この「ひとりの時間を大切にすること」も、成幸者にとって欠かせない習慣のひとつです。本は、そうした「ひとりの時間」を自動的に演出してくれる、非常に優れたツールであり、「ひとりの時間をつくる」ということだけでも、読書の立派な目的になると言えるでしょう。

真面目な読者ほど、本を読めば、そこに書いてあることのすべてを吸収しようとします。残念ながら、それが間違いのもと。この世に同じ人間など、ひとりも存在していないように、まったく同じ考えをもった人間などいるハズもありません。

本に書かれていることをすべて受け入れようとするのは、ある意味、著者の考え方や生き方や人生すべてをコピーし、ダウンロードしようとするようなもので、データが重たいワリにあまり使い物にはなりません（笑）。

ですから、本を読んで、その作者の考え方にいくら共鳴したとしても、そのすべてを受け入れる必要はありません。それは、自分の考え方を放棄しているのと同じこと。それでは教義、教典を特別視する特定の宗教にハマっているのと同じで、ある意味、「洗脳」されているだけです。本に書かれていることは参考にしながら、あくまであなたの人生に役に立つ部分だけを抜き出し、「いいトコ取り」をすれば、それでよいのです。

そう考えると、本は「斜め読み」で十分になります。

ただし、「この考え方、いいな〜」とか、「なるほど、そういう考え方もアリか〜」と思った部分に関しては、できるだけメモしておくようにしましょう。本を一冊読んで、たとえひとつでも、メモできるところがあれば、それでよしです。その一文、一行、ひと言を、お金を出して買ったと思えばよいのです。それでも十分、人生でモトは取れますから……(笑)。

「(「ひとりになる」ことも含め)本を読む目的を明確にする」

「自分の役に立つ部分だけ、いいトコ取りをする」
「斜め読みでOKだが、共鳴した部分のメモは忘れない」
これが、私がおススメする「成幸する本の読み方・三箇条」です。

実際、本ほど手軽で効率的な自己投資は他にありません。著者がそのノウハウや経験を得るのに、どれだけの時間とお金とエネルギーを投資しているのかを考えれば、千円程度の投資で、その貴重なノウハウを得られることが、どんなに在り難いことかは、容易に想像がつくでしょう。

だからこそ、この習慣を身につけている人とそうでない人とでは、明らかな「違い」が生まれるのは、ある意味、当然のことで、仕方ありません。もちろん、「本を読まなければダメだ」とは言いませんが、「たくさんの本を読んだほうが、人生の選択肢が広がり、成幸も加速し、よりよく生きるためにお得である」のは間違いありません。

最後に本を読んだあとの活用方法ですが、もちろん、本から得た気づきや知識を元に、行動してみることの重要性は、改めて言うまでもありません。

その中でも、おススメしたい行動が、**「著者へファンレター（メール）を書くこと」と、「本から得た知恵を周りに表現すること」**です。

そうやってアウトプット（話す・書く）を意識することによって、本の読み方が変わってきます。ボーッと読んでいると、せっかくの知識も翌日にはほぼ9割方、忘れてしまうこととなるのは避けられません。本から得た知識や気付きをより確かに、自分のものとするために、アウトプットを心がけてみてください。


また本当に良いと思った本の著者あてに、「ファンレター（メール）を書くこと」は、その著者と自分とが共鳴したことを確認するための作業になりますし、何より著者とお近づきになれるチャンスです。どんな人気作家でも案外、ファンレターをもらうことは多くはありません。印象的なファンレターは著者も必ず覚えていますし、ひょっとするとお返事がもらえるかもしれません。

それによって、著者との距離が縮まれば、あなたもその著者と同じ、成幸者ポジションへまた一歩、近づいた証になるハズです。

17

17がもつ「数字の暗号」

「17」は、一桁ずつ足すと「1＋7＝8」となり、「8」の要素をもちます。

「1」も「7」も直線だけで構成されている数字であり、はっきりとした方向性を持つ「矢印・ベクトル」を表します。さらに「8」は「無限大」を表し、「拡大するパワー」を象徴する数字です。

そこから「17」のもつ数字の暗号を読み解くと、「明確な方向性を持ち、拡大するパワフルなエネルギー」「あらゆるものを飲み込んでしまうほどの大きなパワー」と解釈できるでしょう。

この日にふさわしい習慣は、思い切って自らの意図を放つこと。自らの願望やビジョンをはっきりと打ち出し、そこに向かって具体的な一歩を踏み出すのに最適な日だということを意識して、習慣に取り組んでみましょう。

17の習慣

お財布の中を整理する

ワンポイント　常に新札を用意して、お財布に入れておく。

小銭とお札は分け、千円、五千円と一万円札は、お財布の違う場所に入れましょう

成幸するために、内面を磨くことは欠かせませんが、同様に外側を磨くことも大切ですし、心の豊かさを養うのと同じように、現実的な豊かさを手に入れる努力を行うことも大切です。

「どちらか」ではなく、「どちらも」なのです。**「あらゆる面でバランスのとれた状態を保つこと」こそ、真の成幸者の定義**だと言えるかもしれません。

この世界はエネルギーで成り立っていますから、うまくいくときは、すべてがうまくいくのであって、どこかが欠けていたり、何かが犠牲になっている状態では、本当の意味でうまくいっているとは言えません。

一般的に、こうしたスピリチュアル系や自己啓発系、成功本などが好きな読

者は、「いい人だけど、現実的な部分が弱い人」が多いもの。もう少し直接的に言うと、**「稼ぐ力が弱い」「お金やビジネスが苦手」「受け取り下手」**という傾向が強いのですが、あなたはどうでしょうか？

いきなりですが、今ここで自分のお財布を取り出して眺めてみてください。

あなたは今、どんなお財布を使っていますか？　そのお財布はいつ買いましたか？　どれぐらいの期間、使っていますか？　お財布自体はキレイでしょうか？　今、お財布の中にはいくら入っていますか？　金額をキチンと把握していますか？　お札の種類や向きはそろっていますか？　新札は入っていますか？　お札は折れ曲がったりしていませんか？　小銭は分けてもっていますか？

お財布の中はキレイに整理されているでしょうか？　古いレシートは入っていませんか？　期限切れのクーポンや使えないカードは入っていませんか？そして、それらはお金と分けられていますか？　あなたのお財布は、中も外も、他人から見られても、恥ずかしくない状態になっているでしょうか？

はっきり言って、あなたのお財布の状態が、あなたの経済状態を象徴しています。あなたのお財布に、あなたのお金や豊かさに対する意識が投影され、反映されているのです。その思いで再度、自分のお財布をよ～く観察してみてください。いいですか？　それが、あなたの現在の経済状態の象徴なのです。目を背けないようにしてくださいね（笑）。

お財布自体の値段と中味のバランスが悪いのは、見栄っ張りの証拠で、羽振りがよさそうに見えても、家計は火の車だという状態を象徴しています。お財布が変わらないのは、経済状態が膠着《こうちゃく》している証ですし、お財布自体が汚れたり、ボロボロだったりするのは、「自分にはお金を受け取る価値がない」と認めているようなものです。

お財布に入っているお金をキチンと把握していないのは、自分の経済状態から目を背けている証ですし、お札が分類されていなかったり、そろっていなかったり、小銭とゴチャ混ぜになっているのは、「家計がどんぶり勘定」で成り立っていることを象徴しています。

お財布の中がキレイに整理されてなくて、古いレシートや期限切れのクーポンやカードが混じっているのは、家の中が片付かないことを象徴しており、安物に惑わされて、本当に大切なものとそうでないものとの見分けがつかず、時間もお金も損をしていることを表しています。さて、あなたのお財布の状態とあなたの経済状況は、どれくらいリンクしているでしょうか？

自らの経済状態を改善するのは、一朝一夕にはできませんが、お財布の中を整理するのは、数分あれば十分です。お財布の中が、あなたの経済状態を象徴しているのであれば、お財布の中を整えれば、それに伴ってあなたの経済状態もキチンと整ってくるのは、極めて自然な流れです。

宇宙のエネルギーとは、そうやって互いにつながって影響を与え合い、共鳴し合っているのです。ですから、あなたの経済状態を改善しようと思うのなら、まずはお財布から……です。

お財布をキレイに保つこと。これを習慣にしてしまいましょう。

お財布は、「お金のお家」です。そこを居心地のよい状態に保つのです。

無理して高いお財布を持つ必要はありませんが、財布自体の値段と中味の金額がアンバランスなのはいただけません。中味の金額が、財布自体の値段を下回らないよう注意してください。常に財布自体の値段の3～10倍くらいの金額を常に入れておくよう、心がけてみてください。もちろん財布の見た目も大切なので、極端な安物やニセモノはＮＧです。


お財布は最初に入れた金額が、そのお財布の記憶に刷り込まれます。お財布を買って、最初に入れる金額がそのお財布のキャパを決めることになるのです。気持ちよく、豊かにお金を循環させたいと思っているのなら、最初に1万円札を新札で10万円分、用意してお財布に入れておきましょう。

現在は低金利が続いているので、銀行に預けておいてもほとんど利子はつきません。そうやってお金をただ寝かせておいても仕方がないので、「見せ金」でよいので、新札で10万円くらいは常にお財布に入れておきたいところです。

そうするとどんな事態が起きても、大抵の場合、お金の心配をしなくて済みます。この心の余裕が大きな違いを生むことになるのです。実際に使うのは、10万円プラスアルファの金額で良いのですが、常に10万円以上入っているお財布を持ち歩くことが、豊かさの波動を身につける習慣につながります。

実際、セレブほど、新札にこだわりますし、お札を丁寧に扱います。それはお金がエネルギーそのものだとわかっているからです。新札は「色のついていないクリアなエネルギー」の象徴です。新札なら自分のところから出ていくお金のエネルギーに、自ら「豊かさ」のエネルギーをつけて送り出すことができるのです。それがお金の豊かさを引き寄せるコツになります。高級ホテルでお釣りが新札で出るのも同じ原理です。

その昔、お釈迦様は「寄付を募るときは、貧しい家から回りなさい」と弟子たちに諭したそうです。

貧しい人たちは「お金を気持ちよく出す」という習慣が身についていないの

で、それを改善してもらうために、お釈迦様はそう言われたそうですが、実際、貧しい人ほど、お金を放り投げたり、クシャクシャにしたり、乱暴に扱います。

お金のことを乱暴に扱うから、お金から嫌われ、ますます貧しくなるのですが、多くの人はこの仕組みに気づいていません。

でも、あなたはここで気づいたので、もう大丈夫ですね。

キレイなお財布から、新札を抜き取り、ニッコリ笑って、気持ちよくお金を使ってみましょう。

「たくさんの人に喜ばれる使い方をされて、お友達をたくさん連れて、帰ってきてね。いってらっしゃい」と、お金を気持ちよく、送り出してあげること。

これが自然な習慣として身につけば、あなたもきっと豊かで幸せな成幸者の仲間入りです。

18

18がもつ「数字の暗号」

「18」は、一桁ずつ足すと「1＋8＝9」となり、「9」の要素をもちます。

「1」は「スタート」を現し、「8」は「無限大」を意味する、どちらもパワフルな数字です。さらに「9」はすべての数字の中で最大、最後の数字であり、知恵を象徴し「完結、完全調和」を表します。

そこから「18」のもつ数字の暗号は、「最初と最後を抑える力強いパワー」「力強く、頼もしいまとめ役・リーダー」「すべてを統括・統合する圧倒的な力」などを現すと読み解けます。

さあ、ここでまたひと区切り、まとめです。この日は「得る」ことよりも、「手放す」ことを意識してみましょう。積極的に手放すことで、今よりもよりよいモノを手に入れることができるようになるのです。

18の習慣

プチ断食をする

ワンポイント **24時間、断食に挑戦してみる。**

水分補給はマメに行い、まずは固形物を口にしないと決めて挑戦してみましょう

「最高の運命を引き寄せる習慣」を身につけようとすると、どうしても何か新しいものを「得る」ことにフォーカスしがちになりますが、足し算だけで習慣が成り立っているワケではありません。**今の生活から無駄な習慣を引き算することも大事です。**足し算と引き算のバランスこそ、何より大切な視点です。

私たちは今、「食べるために生きている」と言っても過言ではありません。

仕事をする目的も、お金を得るためですが、それもモトを正せば、「食べるためのお金を得る」ことが目的だと言っても差し支えないでしょう。

私たちは「生きること」＝「食べること」だと思い込んでいますが、本当にそうなのでしょうか？　食べなければ、本当に生きていけないのでしょうか？

断食を経験してみると、わかること、気づくことがたくさんあります。

健康な人なら、一食や二食、一日や二日程度、食事を抜いたところで、お腹が空いて倒れたり、動けなくなることはありません。もちろん、お腹は空きますが、私の経験上、物理的、肉体的には大丈夫です（たぶん……笑）。

肉体的、物理的に問題がないのに、食べてしまうのはなぜでしょう。ここが大事なポイントです。ここに気づくことが、断食に挑戦する真の目的だと、私は思います。

「不足している」「足りない」という視点でこの世界を見れば、「不足している」「足りない」という現象が浮かび上がってきます。「食べないと大変」「食べなきゃ、死んでしまう」と信じているからこそ、実際に大変な状況が現れ、死んでしまうことになるのかもしれません。

「じゃあ、餓死するのはおかしいってこと？」という疑問もわいてきますが、それは私にもよくわかりません。しかし、餓死する人が居る一方で、世界には何も食べずに生きている人がいるという記録も確かに残っているのです。

この違いは一体、ナンなのでしょうか？

実際に断食をしてみると、いかに普段、アタマで食べているのかが、よくわかると思います。身体が物理的に食事を欲しているのではなく、アタマが「食べないといけない」「食べないと怖い、不足する、足りなくなると困る」というネガティブなモチベーションによって支配されているから、食べなくても大丈夫なのに、食べてしまうのです。この不足感が極端に現れた形が、「拒食」や「過食」という現象になるのではないでしょうか？

たとえば、ランチは12時～ということが常識になっていますが、少し冷静に考えてみると、日本全国の人が、昼の12時になるといっせいにお腹が空くのはどう考えてもおかしいでしょう。もちろん、同じ時間にランチをとったほうが何かと便利なのはわかりますが、そこに「食べない」という選択があってもよいハズです。しかし、みんなが食べに行くので、特にお腹が空いていなくても、なんとなく習慣で食べてしまっている方も多いのではないでしょうか？

本当にお腹が空いたから食べているのか、なんとなく習慣で食べているのか、それとも「食べねばならない」というネガティブな動機に突き動かされて、仕方なく食べてしまっているのか、その違いが実際に断食を経験してみると、よくわかると思います。

さらに意識的に断食を経験すると、断食明けの食事がとびきり美味しく感じることは言うまでもありません。「空腹こそ、最高の調味料」だと言われますが、きっとそれを実感することができるでしょう。当然、食材や調理者に対する感謝の気持ちも自然にわいてきますし、「もったいない」という言葉の意味も実感することができるでしょう。飽食の現代においては、「空腹」という経験も、意識的に選択しないと味わえないのです。

断食を習慣にすることのメリットはもちろん、そうした心理的な面だけでなく、物理的、身体的にも良い影響をもたらすことでしょう。現代では、普通に食べているだけでも、カロリー過多に偏りがち。カロリーのことを考えると、現代人は一日二食でも十分だという指摘もありますし、健康のことを考えて、「朝抜き」や「夜7時以降は食べない」ことを習慣にしている人も少なくありません。これは毎日「プチ断食」を実行し、習慣にしているのと同じです。

さらに**私たちの身体の中で、消化器官だけが、唯一、自分の意志で休ませることのできる臓器です。**心臓も肺も、脳も、自分の意志でコントロールすることはできません。

しかし、消化器官だけは「食べない」という選択をすれば、お休みを与えることができるのです。事実、食べ物を消化することに私たちは多大なエネルギーを消費しています。食べたら、眠くなるのは、食べ物を消化するためにエネルギーが消費され、身体が休息を欲しているサインだと言われます。

食べることは喜びにもつながる行為ですが、不足感や恐怖感から食べている限り、どれだけ食べても、本当の意味で満たされることはありません。「断食」とは「食べる」という行為をいったん、手放すことです。

「食べなければ……」という価値観から解放されて、「食べても、食べなくてもいい」という状態になったとき、本当に純粋な喜びのために、食べることができるようになるのかもしれません。

とりあえず、意識的に朝昼、2食抜いての24時間断食に挑戦してみませんか？前日の夜から、次の日の夜まで固形物を食べなければ、それで24時間断食になります。

このプチ断食を習慣にしてみると、**アタマもお腹も、いろいろなことがクリアになり、今まで見えなかったものが、きっとはっきり見えてくるようになるでしょう。**あなたにもこの感じ、ぜひ味わって欲しいと思います。

※本書がお勧めしているのは一日で2食を抜く程度の「プチ断食」で、本格的な「断食」に挑戦される場合は、専門の機関や医師と相談の上、経験のある指導者の元で取り組むことをお勧めします。我流の断食による、健康被害に関して、本書では責任を負いかねますので、予めご了承願います。

「19〜27」の「最高の運命を引き寄せる習慣」

⑲⑳㉑㉒㉓㉔㉕㉖㉗

『自分以外の誰か、何かと「つながってみること」』

「19〜27」の主に20番台の数字の場合、10番台と同じく、基本的には、一桁ずつ単数で足した数字が、二桁の数字を代表する数字になります。

「21」と「12」は構成要素の数字も同じですし、合計すると「3」になる点も同じですが、全く同じ意味になるのかと言えば、もちろんそうではありません。

「1」が最初に来ているのか、「2」が最初なのかで、数字のもつイメージは大きく変わります。「1」は「スタート」「外に向かう矢印」を象徴しますが、これに対して、「2」は「協調・調和」「つながり」などを意味する数字です。10番台と比べると、20番台の方は明らかに女性的な優しい波動で、協調性が際立つことになります。

20番台の習慣については、「自分以外の誰かや何かとつながってみること」を意識してみましょう。今までは「自分ひとりでできること」にフォーカスしていましたが、ここからは対象を明確に意識して、自分から周りにエネルギーを投げかけていってみましょう。誰かと、何かとつながること。これがこの20番台のステージの習慣にとって、大切な共通ポイントです。

19

19がもつ「数字の暗号」

「19」は、一桁ずつ足すと「1＋9＝10」。さらに「1＋0＝1」となり、「19」は、「1」の要素をもつ数字です。この場合、「9」は結局、なくなって、「1」だけが残るので、「9」は陰に回り、「1」を支え、強調する役割りを担うことになります。
「1」は「スタート」を現し、「9」は「完結・完成」を意味しますが、合計しても「1」になる「19」は、「1」がさらに強調されることになります。ここから「19」のもつ数字の暗号は、「理想のリーダー像の完成」「リーダーの輩出をサポートする、真のリーダー」「崇高な理想の実現」などと読み解けます。

この日から、また新たなステージの始まりです。対象を明確に意識して、こちらから積極的にエネルギーを投げかけてみることを意識してみましょう。投げかけたエネルギーは、必ずあなたの元に返ってきますから。

19の習慣

こちらからあいさつをする

ワンポイント **相手にニッコリと笑いかけ、天気の悪口は慎むこと。**

相手の反応を気にしない。悪口や愚痴にはのらず、笑って、ごまかしましょう

さあ、ここからまた「最高の運命を引き寄せる習慣」も、新たなステージに突入しました。**このステージの最初は、「あいさつをする」です。**これも確かに幼稚園で教わりましたよね。何を今さら……と思うかもしれませんが、では、ここで質問です。

あなたが自分からあいさつをする人は、どの範囲までですか？　家族？　友人？　同僚？　近所の人？　顔見知り？　お店の人？　街で初めて出会った人？　あなたは外食したとき、お店の人にキチンとあいさつをしていますか？　コンビニやスーパーで買い物をしたとき、レジの人に「こんにちは。お願いします」と、笑顔であいさつをしているでしょうか？

19

先日、昼どきに、あるお店でひとりで食事をしていました。

とっても美味しいので行列ができるお店としても有名で、カウンターだけの小さなお店は、かなり込み合っていました。私はレジのすぐ横の席で、ひとりで食べていたのですが、注文をして食べ終わるまでに二十名くらいの方がレジでお会計を済ませていました。その間、レジであいさつをする人は、ひとりもいませんでした。ひとりも……です。

もちろん、「たまたま」だったのかもしれません。昼どきでオフィス街に近いこともあって、男性のサラリーマン層が多かったこともあるかもしれません。しかし、誰ひとり、レジやお店の方に声をかける人はいませんでした。「ありがとう」も「ごちそうさま」も一切なしです。私は本当に唖然《あ》としました。でも、これが今の日本の現実です。

最近では学校で、給食の前に「『いただきます』と言いましょう」と教えたことに対して、ある親から「ちゃんと給食費を払っているのに、なんで「いただきます」などと手を合わせたり、アタマを下げたりしなくちゃいけないのか！」というクレームがあったという話を聞きましたが、私が体験したお店の様子を見れば、それもある程度、想像がつくので、悲しくなります。

もうひとつ別の話……。

これは私の若い友人に聞いた話ですが、コンビニでバイトをしていると、いわゆる下町にあるお店では、お客さんは基本的にぶっきらぼう……。あいさつはナシで、お札はクチャクチャ、お金を放り投げる人も多いそうです。

その友人は「コンビニだから、こんなモン」と思っていたそうです。しかし、お手伝いとして、ある高級エリアにあるお店に一週間ほど応援に行ったところ、あまりの違いにビックリしたそうです。買い物をするほぼ8〜9割の人が、レジでキチンと「ありがとう」と笑顔であいさつをしてくれたそうです。店員さんに気軽に声をかけてくる人も多くて、お札も新札率が高く、とても丁寧に応対してくれるので、「こっちが緊張しました。やっぱりお金持ちの人は違いますね〜」としきりに感心して、話してくれました。

さて、これらのエピソードから、わかることはなんでしょう？お金持ちで気持ちに余裕があるから、あいさつができるのか。それとも、あいさつを気軽にできるような人だから、お金持ちになれたのか……です。あなたはどう思われますか？

もちろん、「あいさつ」も「ねばならない」でするものではありませんが、習慣になってしまうと別にどうと言うこともありません。笑顔であいさつを投げかけられて、イヤな気持ちになる人などいないでしょう。こうした小さなプラスのエネルギーを周りに積極的に投げかけていくことが、まわりまわって、自分の元に返って来ることになるのは、ここまで何度も解説しているとおりです。

人生はすべて、人と人が出会うことから始まります。

運命とは、人との出会いによって、「運ばれていく（私の）命」という意味です。「運命」を決めるのは、人との出会いであり、その人との出会いの最初の扉が、「あいさつ」に他なりません。「あいさつ」をしないのは、その「出会いの扉」を開けずに無視して、素通りしてしまうのと同じこと。「出会いの扉」を自ら開けようとせずに、新たな出会いをじっと待っていても、残念ながら、「運命の出会い」が訪れることはありません。

「出会い」は「ドミノ倒しゲーム」のようなものです。

一見、望む出会いに関係のないように見えるドミノの先に、お目当ての「運命の出会い」というドミノが待っているかもしれません。「運命の出会い」に続く、最初のドミノは、近所のおばさんかもしれませんし、マンションの管理人さん、駅前のコンビニの店長さん、会社近くの喫茶店のマスターかもしれません。そんな身近な人に対して気軽に、こちらから笑顔であいさつを投げかけないのは、目の前にある、「運命の出会い」に至る最初のドミノを、無視しているのと同じことかもしれません。

「あいさつ」をする際、ぜひ気をつけておいて欲しいことがひとつ……。

誰かとあいさつを交わすようになると、大抵の人が話題にするのが、天気の話です。「暑い（寒い）ですね」「いいお天気ですね」「雨ですね」など、きっとお天気が話題になるハズです。そのとき、**「天気の悪口」は口にしないこと。**

「雨ですね」はOKですが、「(雨降りで）いやな天気ですね」はNGです。

実際、お天気に「よい・悪い」はありません。お天気は「天の氣」。「神様のエネルギー」そのものです。

「5の習慣：空をみる」のところで、「雲消しゲーム」についてふれましたが、「やり過ぎないように」と注意したのは、「天の氣」をこちらの都合でコントロールしようとしているからに他なりません。天気の悪口を言ったり、こちらの都合で変えようとするのは、神様が与えてくれた「天の氣」の恩恵に文句を言っているのと同じ。それではせっかくのツキも逃げていくだけです。

相手が天気の悪口を言ってきたら、あいまいに笑ってごまかしましょう。あなたも天気の悪口に加担して、こちらからあいさつをして開いた、せっかくの出会いの扉を閉めてしまうようなことだけは避けてくださいね。

20

20がもつ「数字の暗号」

「20」は、一桁ずつ足すと「２＋０＝２」となり、「２」の要素が「０」によって、さらに増幅、拡大している数字です。「２」は二元論の元となる「協調・調和」を表す数字ですが、それが「０」によって強調されるため、さらに「つながり」も強くなる反面、「二極化」や「分裂」などのネガティブな傾向も出やすくなるのは避けられません。「20」のもつ数字の暗号は、「人と人とのつながり」「目に見える世界と目に見えない世界の統合」「光と闇が共に濃くなる、二極化の進行」などと読み解くことができます。

ここから導き出される習慣のキーワードは、やはり「つながり」です。つながれる人やモノとより深く、よりしっかりつながることを意識して、この日の習慣にチャレンジしてみましょう。

20の習慣

つながる

ワンポイント　相手に愛のエネルギーを投げかける。

直接、ふれられない時は自分と相手のオーラが、つながるイメージをしてみましょう

この世界は基本的に、相反する二つのもので成り立っています。「あの世とこの世」「昼と夜」「太陽と月」「光と闇」「陰と陽」「生と死」「男と女」「戦争と平和」などなど。

これらをどちらかだけを選択しようとすると結局、うまくいきません。相反する二つのものは、同じコインの表と裏の関係で、どちらか一方だけでは成り立ちません。**「どちらか」を選ぶのではなく、「どちらも」で包み込むのです。**

二十一世紀、二千年代は、きっとそういう時代です。

日本人は元々、「握手」や「ハグ（抱擁）」「キス」などの身体接触によるコミュニケーションをあまり必要としない民族でした。これは日本語の特性と大いに

関係があります。

日本語は口語では、ほとんど主語を省きます。目的語もあいまいです。文法的には「ありがとう」だけでは誰が、誰に対して、何を感謝しているのか、さっぱりわかりません。しかし日本語はそれで通じるのです。それが日本語の特徴で、日本語は主語や目的語を省くことで、常に「私たちみんな」「目に見えるもの、見えないものすべて」を意識している言葉なのです。

つまり、私たち日本人は、日本語を使うことで、目の前の人やいきとしいけるものすべて、宇宙や神様とも、常につながることができていたワケです。

最近では、その肝心の日本語が乱れてきてしまったため、他の国に比べて、もともと身体接触の習慣が少ない分、コミュニケーション能力がかなり見劣りするようになってしまったのは、とても残念です。

西洋には「人が人として生きていくためには、一日最低4回のハグが必要であり、大切な人とより親密になるためには、一日8回のハグが、さらに人間的に輝いて生きるためには一日12回のハグが必要だ」と言う教えがあるように、彼らにとっては、「握手」や「ハグ」「キス」は大切なコミュニケーションの一部になっています。彼らは言語でつながれない分を、こうした身体接触によるつながりでカバーしようとしているワケです。

パートナーシップにおいて、セックスの問題は避けて通ることができませんが、セックスレスに陥る前に、「ハグ」の習慣さえあれば、深刻な問題に発展することは避けられるハズ。パートナーシップにおいて、「ハグ」は必須のコミュニケーション手法だと言えます。二人の間で、この習慣があるかないかで、パートナーシップの成果はまるで違ったものになると、私は思います。

日本人にとって「ハグ」を習慣にするのは、少しハードルの高い課題かもしれませんが、初対面の人とは、まず「握手」を、パートナーや親しい友人とは「ハグ」を、家族や身近な人とは「ふれる」ということを意識してみましょう。

実際、相手の身体に直接、触れるというのは、相手との距離を縮め、より密接なコミュニケーションを図るというだけでなく、エネルギー的にみても、非常に重要なコミュニケーション方法になります。「波動」や「オーラ」は、近くに寄るだけでも感じることはできますが、さらに「握手」したり、「ハグ」することによって、相手の「波動」や「オーラ」の状態、内面的な心理状態などをチェックすることも可能になり、より大量で密度の濃いエネルギー的情報をお互いに交換することができるようになるのです。直接「ふれる」ことによって、「なんとなく……」感じていたものが、確信に変わるかもしれません。

初対面の人はもちろん、久しぶりに会った人に対しても、**あなたのほうから笑顔で手を差し出し、しっかりと「握手」する習慣を身につけましょう。**

人の手の平からは常にエネルギーが放射されています。「握手」を交わすということは、お互いの手の平から放射されたエネルギーが、ぶつかり合うということです。あなたと相手の「氣」の相性が良ければ、すぐにお互いの「氣」が混ざり合い、「氣」の交流が始まります。反対に相性がよくない場合は、同じ磁石の極を近づけたように、互いの「氣」が反発し合うことにもなります。

ひとつの目安としては、「握手」したり、「ハグ」したり、相手に触れたときに、「よりリラックスする相手」か、「緊張して、身体が堅くなる相手」かで見分けると、ほとんど間違いありません。もちろん「よりリラックスする相手」が、相性のよい相手であり、「緊張して、身体が堅くなる相手」とは、相性があまりよくないと言えます。

但し、それはあくまであなたとの相性の目安に過ぎませんから、それで相手の人格を否定したり、「よい・悪い」と判断しない姿勢が大切です。

いずれにしても、これからの時代、人と「つながる」ということは大きなテーマです。心理的、精神的に「つながる」ことはもちろん大切ですが、肉体的に「つながる」ことも同じように大事です。心と身体はつながっていますから、どちらか片方だけが、つながっていても、本当の意味で「つながっている」とは言えません。

今、ハンドヒーリングなどが話題になっていますが、こうした手法を身につける最大のメリットは、「他人にふれるモチベーションが身につくこと」だと、私は思っています。

ヒーリング技法を身につけることで、他人にふれることに抵抗がなくなりますし、弱っている方に積極的にふれることができるようになります。

ハンドヒーリングの手法を身につけることによって、人にふれるための許可を自分に出すことができ、他人にふれたり、つながったりすることに抵抗がなくなり、習慣化されることに、非常に大きな意味があると、私は思います。

相手が癒されれば、あなたも必ず癒されます。

あなたが癒されているときは、相手も必ず癒されているのです。

「ふれる・つながる」ということは、それだけで「大いなる癒し」なのです。

ぜひ、あなたも恥ずかしがらず、周りの人に積極的にふれたり、つながったりする習慣を身につけてみては、いかがでしょうか？

21

21がもつ「数字の暗号」

「21」は、一桁ずつ足すと「２＋１＝３」となり、「３」の要素をもちます。「12」と「21」は数字の要素は同じですが、そのニュアンスは違います。

「12」は「無限の可能性」「快活さ」「リズム感」「流れ」などを象徴しますが、「21」のほうは「２」の「協調・調和」のエネルギーが高くなり、「１」の男性的なエネルギーを調整しながら、「３」の「新しいモノを生み出していく」というイメージです。「12」は「勢い」や「爆発力」がありますが、「21」のほうは、もっと優しく「産み、育む」感じです。

　この日は、原点に返ることを意識してみましょう。素直になって、子供の頃を思い出してみましょう。自分の中の子供の部分、インナーチャイルドとのつながりを意識してみるのには、ピッタリのタイミングです。

21の習慣

あやまる

ワンポイント **自分を責めない、相手を裁かない。**

無駄な反省はしない、いつまでも後悔しない、罪悪感を抱え込まない

少し前、スピリチュアル好きの間で、話題になったハワイのヒーリングメソッドがあります。たった4つの言葉を唱え続けるだけで、あらゆる問題が自然に解決されていくという画期的なノウハウです。

「ホ・オポノポノ」と呼ばれるハワイに古くから伝わるこの技法は、「ごめんなさい」「ありがとう」「許してください」「愛しています」という4つの言葉を繰り返し唱えるだけという極めてシンプルなものですが、その驚くべき効果が話題になり、今も世界中に広がっているそうです。

この話を聞いたとき、私は直感的に「これは実に二十一世紀的なヒーリング技法だな」と感じました。今までのスピリチュアルな考え方、特にアメリカ発

の自己実現とか、成功法則と呼ばれるものは「引き寄せの法則」に代表されるように、「何かを得る」とか「何かに成る」というスタンスのものが大半でした。

もちろん、「思いが実現する」というのは真実ですし、どんなものでも強く望むことによって、現実化することもそのとおりなのですが、今の自分に何かをプラスしていくというスタンスは、まさに二十世紀的な男性志向の価値観で、私はそこに限界を感じます。

ポジティブ志向やプラス思考の効用は言うまでもありませんが、この世界はポジティブやプラスだけで成り立っているワケではありません。**極端なポジティブ志向は、結局、ネガティブなものから目を背け、逃げ回っているだけに過ぎません。**何かが不足しているという視点で始めたことは、結局、不足という結果をもたらすことになるので要注意です。

もうプラス思考だけでは限界があり、行き詰まっていると感じているのは私だけではないでしょう。そんな時代だからこそ、この「ホ・オポノポノ」にスポットが当たるのだと思うのです。この技法の特徴は、「ごめんなさい」「許してください」という謝罪の言葉が入っている点です。これが大切なポイントで、二十一世紀、「調和・統合」の時代を象徴しているように私は思います。

事実、私たちは生きているだけで、地球に大きな負荷をかけています。昨今の地球環境問題を少しでも学べば、「今の人類は地球にとって、がん細胞に等しい」という指摘を否定することはできません。食べるという行為は、別の命を「いただく」ということに他なりません。ある意味、別の命の犠牲の上に、私たちの命が成り立っているという事実を忘れてはいけません。私たちは生きているだけで、「ごめんなさい」なのかもしれません。

もう何かを「得る」「プラス」するという発想から、卒業してもよい時期です。そのとき、最初に必要なことは、「ごめんなさい」と自分の非を認め、素直にあやまることではないでしょうか？

ほとんどの争い事は、「ごめんなさい」のひと言が言えないことから生まれます。「悪いのはそっち」「謝るのは向こう」「私は正しい、悪くない」という考え方が、争い事の根本原因です。

「謝れば済む問題ではない」という指摘もよく見聞きします。確かにそうかもしれませんが、ではどうすれば、済むのでしょうか? 起こってしまった出来事を元に戻すことはできません。どうしようもないことをどうにかしようとしても、どうにもなるワケはありません。起こってしまった出来事に対しては、最終的に素直にあやまるしかないのです。

「あやまる」とは、自分のネガティブな部分をキチンと認めるということ。

自分の非を潔く認め、ネガティブな自分をキチンと受け入れることこそ、勇気の本当の使い方です。ネガティブな自分を認めるのは、とても怖いですし、誰だってイヤなものです。しかし、私たちは誰でも、ポジティブとネガティブの両方の側面をもっているのです。どちらか片方だけの人など、この世に存在しません。あやまることができないのは、ネガティブな自分を認めていないからに他なりません。自分の半分を否定していて、本当にうまくいくと思いますか？それで本当に、あなたは成幸者になれると思いますか？

今、あやまることから始めるのは、とても大切な視点です。

あやまりたい対象の人がはっきりしているのなら、今すぐ素直に「ごめんなさい」を伝えることです。

人が亡くなる前に、周囲に伝えたい言葉のベスト2が「ありがとう」と「ごめんなさい」だと言われます。でも、その言葉を大切な人に伝えるのに、亡くなる直前まで待つ必要はありません。

今、この場で、「ごめんなさい」と相手に伝えることができれば、あなた自身が最も癒され、最も楽になるのです。「許す」ことは「ゆるむ」こと。「ゆるんだ人」「ほどけた人」のことを「仏様」と呼ぶのです。

誰かのために、あやまるのではありません。自分のために、あやまるのです。

自分自身を癒やし、自らのネガティブな部分を受け入れるための「魔法の言《じゅ》葉《もん》」が、「ごめんなさい」であり、「許してください」なのだと、私は思います。

一日に一度でもかまわないので、自分の胸に静かに手を当てて、次の言葉を唱えてみましょう。これは「ホ・オポノポノ」を日本流に、私がアレンジしたものです。

これこそ、「最高の運命を引き寄せる習慣」です。この癒しの習慣を身につければ、あなたの成幸はますます加速することになるでしょう。

「ごめんなさい」
「お許しください」
「愛しています」
「感謝しています」
「ありがとうございます」

22

22がもつ「数字の暗号」

「22」は、一桁ずつ足すと「2＋2＝4」となりますが、「11」と同じく二桁のゾロ目の数なので、特別な意味を持つ神聖な数、「マスターナンバー」として扱います。

タロットカードは22枚で、「宇宙の理」を表すと言われていますが、「22」は、「時間」と「空間」の全てを象徴し、スケールの大きさを暗示する数字です。そこから、「大いなる霊性」や「物事の完全な成就・完成」「無限大の至福」「この世のすべて」など、地球規模の広がりを象徴する数字です。

この日にふさわしい習慣は、現実的な作業と時空を越えた広がりとのバランスを意識してみましょう。行う作業は地味でも、意識やビジョンは限りなく大きく、地球規模にスケールを広げることがポイントです。

22の習慣

ハガキを書く

ワンポイント **自分専用のハンコをつくる。**

形から入り、ハガキを書きたくなるような「道具」を先にそろえてしまいましょう

「ハガキ」？　しかも「手書き」？　このデジタル時代に……？
「面倒くさいな」と、あなたは思うかもしれませんが、だからこそ今、「ハガキ」で、しかも「手書き」なのです。

もちろん、電話には電話の、メールにはメールのよさがあります。
なので「すべてをハガキで代用しましょう～」などと、無理難題をふっかけるつもりはありません（笑）。私がおススメしたいのは、**「初対面の人に、お礼状として手書きハガキを書く習慣を身につける」**です。

この習慣を身につけておくのと、そうでない場合とを比べると、明らかに「出会いの質」が変わります。「出会いの質」が変われば、運命の質も変化し、

あなたの人生の質が確実に高まることは、私が保証します。

異業種交流会などで、名刺をたくさん集めることばかりにエネルギーを注いでいる方を見かけます。確かに名刺はたくさん集まるでしょうが、名刺をどれだけたくさん集めてみたところで、はっきり言って、なんの役にも立ちません。それで人脈ができるなんて思っていたら、大間違いです。

もちろん、名刺交換は大切な儀式？　ですが、問題はそこからです。名刺交換だけで終わっていたら、出会った意味さえ、ほとんどありません。本気で「成幸者になりたい」「自らの人生の質を高めたい……」と思っているのなら、出会いのチャンスを無駄にしないためにも、そこからが本当の勝負です。

私の経験から言って、そういうパーティで名刺交換した相手から、御礼のメールなどが届くのは、せいぜい1割程度。手書きのハガキとなると、もっと少なくなるでしょう。

たとえば、ある会合で30名の方と初対面で名刺交換したとします。その後、メールなどでフォローしてくれる方はせいぜい3、4名もいればいいほうでしょう。手書きのハガキを出してくれるのは、ひとりいるかどうかです。手書きハガキの習慣を身につければ、あなたがこの1名になるのです。これは圧倒的に目立ちますし、「出会いの質」を高め、人生の成幸に至るための大きなアドバンテージになることは間違いありません。

厳しい言い方になりますが、名刺交換した方に対して何のフォローもできないのなら、最初から名刺交換しないほうがマシです。30名の方と名刺交換しても、その後、何のフォローもしないのなら、たとえば3名の方とだけ名刺交換して、その3名にキチンとフォローした方が「つながり」も築けますし、「出会いの質」を高める効果は何倍にも膨らみます。要は何のために名刺交換をするのか、その目的を明確にしておくことです。

慣れないウチは、「手書きハガキ」を書くのは面倒でしょう。メールと比べれば、コストもかかります。しかし、**「手書きハガキ」には、あなたの「波動」**

が確実に染み込みます。

電話のように相手の時間を拘束することもありませんし、メールでは伝え切れない「行間の想い」を伝えることもできます。あなたが直筆で書いた「手書きハガキ」は、あなたにしか書けない世界中で唯一のオリジナルメッセージ・ツールです。現代のようにパソコンや携帯のメールが発達した時代だからこそ、「あなたにしか書けない」手間のかかるアナログのよさがいっそう際立つことになるのです。

メールは一日に何十回とやりとりする可能性もありますし、それだけにその内容をいちいち覚えている人は少なく、印象度で言えば、薄くなるのは避けられません。さらにメールをあとで読み返すことはほとんどないでしょうが、「手書きハガキ」をもらった方の多くは何度も、少なくとも3回くらいは読み返すというデータもあるくらい。こんなに効果的なコミュニケーションツールを使わない手はありません。

22

ハガキを書くときのポイントは、相手のことを「ほめる」「感謝する」「敬う」の3点です。ハガキは、相手以外の他の誰か、第三者が見るかもしれないので、あまり込み入った内容を書くのはNGです。あくまでサラッと、でも心を込めて、まずはこちらから相手に対して、好意と感謝の気持ちを先に差し出すことです。その気持ちをハガキという形に素直に現す姿勢が大切です。

もし、あなたが初対面の人に「手書きハガキ」を書く習慣を身につけて、累計で百通以上のハガキを書き続けることができれば、その頃には、「あなたの人生は必ず変わっている！」と断言できます。それくらい「手書きハガキ」は、パワフルなコミュニケーションツールなのです。

特にあなたの憧れの人に対して書く「手書きハガキ」は、あなたの運命を変えてしまうほどのインパクトをもっているかもしれません。字のうまい下手を気にする必要はありません。内容が重たくならないように気をつけて、誠意と敬意を以って、丁寧に書くことだけ意識してください。

あなたが同じ相手にハガキを3通も書き続ければ、お目当ての本人から、なんらかのリアクションが必ずあるハズです。たったこれだけのことですが、本当に不思議なほど、相手からなんらかのリアクションがあります。

成幸者と呼ばれる人は概して、筆まめです。ビックリするようなお返事が届くことも珍しいことではありません。少なくとも私は、この手でどれだけたくさんの憧れの人、メンターとご縁を結ぶことができたことか……。私の人脈構築術は、「手書きハガキ」だけと言ってもいいぐらいです（笑）。

「習うより慣れろ」で、実際にたくさん書くことが何よりの練習になります。

次ページに私の「手書きハガキ」をサンプルとしてつけておきます。これを参考にして、あなたらしいスタイルを確立してみてください。

最初から「いいもの」を書こうと見栄を張らないこと。コストは一枚たったの50円程度。その一枚のハガキが、あなたの「出会い（＝出愛）力」を高め、出会いのチャンスを飛躍的に広げてくれることになるのです。

〈著者が実際に書いたはがき〉

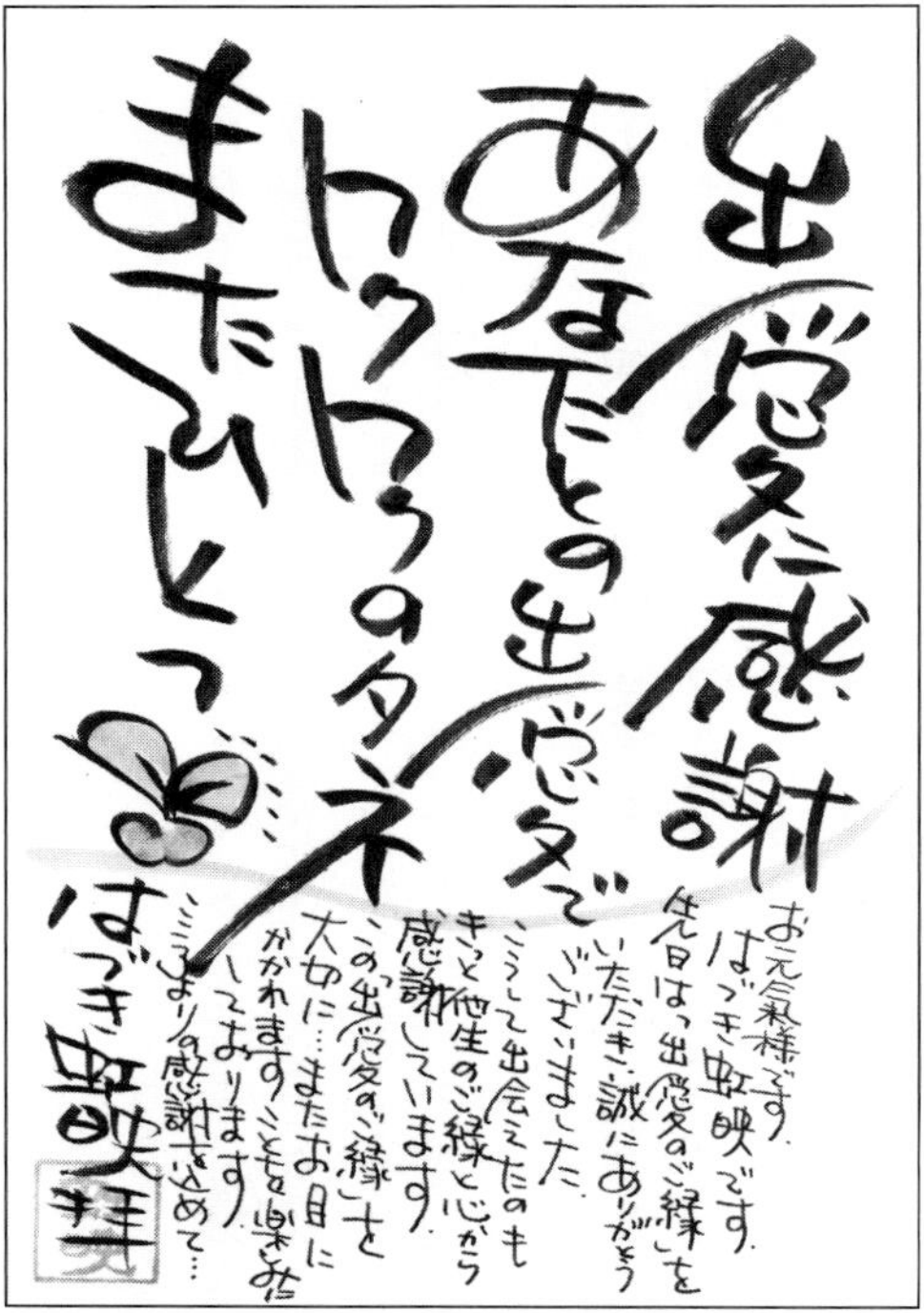
出愛に感謝
あなたとの出愛で
わくわくの今ネ
またひとつ
はづき虹映
お元気様です。
はづき虹映です。
先日は、出愛のご縁を
いただき誠にありがとう
ございました。
こうして出会えたのも
きっと他生のご縁と心から
感謝しています。
この出愛のご縁を
大切に…またお目に
かかれますことを楽しみに
しております。
心よりの感謝を込めて…

23

23がもつ「数字の暗号」

「23」は、一桁ずつ足すと「２＋３＝５」となり、「５」の要素をもちます。
「２」は「協調・調和」を象徴する数字であり、「３」は「無邪気さ」「子供心」「創造性」を表し、さらに「５」は「自由と変化」「スピード感」「コミュニケーション」を象徴します。

これらの要素を総合的に判断すると、「23」という数字がもつ暗号は、「新たな出会い」「人と人とのつながり」「無邪気なコミュニケーション」「新しいエネルギーの創造」などと読み解けます。

この日は、新しい出会い、人とのつながり、素直なコミュニケーションなどを意識して行動してみましょう。人と人が出会わなければ、新しい何かが生み出されることはないのですから。

23の習慣

話を聴く

ワンポイント **関心をもって話は聴くが、同情はしない。**

共鳴しても、必要以上に「なんとかしてあげよう」とは思わないこと

人間の悩みは、「お金・仕事」「恋愛」「人間関係」「健康」の4つに大別されると言われます。しかし、「お金・仕事」「恋愛」「健康」の悩みについても、その中味を探っていくと結局、人との関わりがクローズアップされてくるため、最終的には「人間関係」に行き着くと言われます。

つまり、人間の悩みとは、ほぼ人間関係に集約されると言っても過言ではありません。人間関係の悩みとは、コミュニケーションの問題です。相手とのコミュニケーションがうまくとれないことが、人間関係の悩みになるのです。

言い換えれば、コミュニケーションが上手にとれる習慣を身につけられれば、人間関係の悩みから解放され、あなたの人生は加速度を増し、成幸者への道が開けてくるのです。

コミュニケーションとは、「話す」と「聴く」です。

コミュニケーションの技術と言えば、どうしても「話す」ほうにウエイトが置かれがちですが、コミュニケーションの基本は「聴く」ほうです。

もちろん、仕事上では「話す」技術が重視されることもあるでしょうが、そこで必要とされるのはプレゼンテーションスキルであり、それはコミュニケーションの技術ではありません。私も講演をさせていただきますが、講師としての講演スキルと、人間関係におけるコミュニケーションスキルとは全く別物だと思います。**日常的なコミュニケーションに必要とされる技術は、「話す」ほうではなく、圧倒的に「聴く」ほうなのです。**

コミュニケーションの専門家として、カウンセラーというお仕事があります。私もカウンセラーであり、カウンセリングのお仕事もさせていただいていますが、カウンセラーの仕事は「聴く」ことに尽きます。カウンセラーは「聴く」が8割、「話す」が2割だと言われます。いかに相手に興味をもち、その話をキチンと、注意深く聴くことができるかが、よいカウンセラーの条件です。

その前提として、いかに相手に話しやすい雰囲気をつくってあげられるかがポイントになります。話術がいかにうまくても、「あなたに話を聴いて欲しい」と思わせる雰囲気をつくることができなければ、カウンセラー失格です。

もちろん、すべての人がカウンセラーになる必要はありませんし、プロのカウンセリング技術を習得しなくてもかまいませんが、カウンセリングマインドを、習慣として身につけておいて、人生で損をすることは決してありません。

カウンセリングマインドとは、**「相手の話に関心をもって真剣に聴くこと」**に尽きます。

コミュニケーションは、勝ち負けを決めるゲームではありません。相手のことをより深く理解し、お互いがよりハッピーになることが、コミュニケーションの目的です。それを忘れてはいけません。コミュニケーションとは相手の弱いところを狙って、強いボールを投げつける「ドッジボール」ではありません。相手がかまえているところに、受け取りやすいボールをやさしく投げてあげる愛のある「キャッチボール」なのです。

相手を言い負かして、自分の正しさを証明したところで、お互いがハッピーにならなければ、よいコミュニケーションができたとは言えません。特に男性は、すぐに結論をつけたがり、解決方法を探そうとする傾向がありますが、それはコミュニケーションというより、むしろ**ディベート（討論）**に近く、ドッジボール型の会話だと言えるでしょう。

多くの女性がコミュニケーションに求めているのは「結論」でも「解決」でもなく、**「共感」**であることが多いのです。相手の話に「よい・悪い」をつけたり、結論を急ぎ過ぎたり、自らの正しさを主張したりせず、「そうなんだ〜」と相手の心情に共感・共鳴し、感情を分かち合うことにこそ、コミュニケーションの真の目的があるのです。

そうしたキャッチボール型のコミュニケーションを心がけていると、こちらが特に解決方法を提示しなくても、自分で勝手に気づいたり、感情が解放されたりして、自己完結していくことになるのです。

これからの時代、**二十一世紀のコミュニケーションの主流は間違いなく、女**

23 性的なキャッチボール型になっていくことでしょう。

こうしたキャッチボール型のコミュニケーションを専門用語で言うと、「パッシブ・リスニング」（＝「共感的な聴き方」）と呼びます。「パッシブ・リスニング」のポイントは以下の三つ……。この三つを少し注意するだけで、あなたも「いい聴き手」になれるでしょう。

「沈黙（待つ）」＝相手に注目したままの状態で、柔らかい雰囲気でじっと待つ。

「肯定的な相づち」＝「そうですか（ね）」「へぇ〜」「ほほーッ」「なるほど」「それはスゴイ（素晴らしい、おもしろい）ね」など。

「ドアオープナー（フォロー）メッセージ」＝「それから（それで）？」「もっと聞かせて……」「どんな感じ？」「どう思う？」など。

さらに、自分の意見を伝えるときは、「指示命令メッセージ」ではなく、「自己開示メッセージ」を心がけること。**つまり、「だいたいあなた（お前）は……」と相手を主語にして指示・命令・コントロール・尋問・分析したりせず、**

「……なので、私は○○のように感じています」と自分を主語にして、自らの感情を素直に伝えるように心がけてみましょう。こうしたことに気をつけるだけでも、あなたは確実に「いい話し手」に近づくことができるでしょう。

人生における幸せも、豊かさも、その土台は人間関係にあります。よい人間関係に恵まれることが、成幸者になるためのヒケツです。すべての人間関係はコミュニケーションによって成り立っています。

「いい聴き手」になるための習慣を身につけることが、人生における幸せや、豊かさをもたらし、成幸者になるための「タネ」となるのです。

相手の話をよく「聴く」ことこそ、人生に最もよく「効く」最良の「最高の運命を引き寄せる習慣」に他なりません。

24

24がもつ「数字の暗号」

「24」は、一桁ずつ足すと「2＋4＝6」となり、「6」の要素をもちます。

「2」は「協調・調和」を象徴する数字であり、「4」は「真面目」「誠実」「現実世界」を表し、さらに「6」は「母性」「美と調和」「生み・育み・教える」などを象徴します。これらの要素を総合的に判断すると、「24」という数字がもつ暗号は、「現実と調和するチカラ」「大切なものを周りと分かち合い、コツコツと継続しながら、人を育てていくこと」などと読み解けます。

この日のテーマは、ズバリ！「分かち合い」です。それも現実的なモノを分け合うことにトライしてみましょう。独り占めするのではなく、気持ちよく分け合うことを習慣にすれば、あなたの元に、さらに素晴らしい恩恵が降り注ぐことになるでしょう。

24の習慣

スイーツを分かち合う

ワンポイント **まずは一緒に食べてくれる人を確保しましょう。**

訪問時には手土産を忘れないこと。故人には小皿に取り分け、お供えしてみて

昔から、「甘いもの」「お菓子」「スイーツ」には「天使が舞い降りる」と言われます。「6の習慣：あたたかくする」のところで紹介したものと同様、「甘いもの」も身体をゆるめ、リラックスを促す効果があります。スイーツを食べて、緊張する人は少ないでしょう。リラックスすることは、すべてのよきことを受け取るための土壌、土台、ベースになるので、「甘いもの」を食べて、リラックスするのも、とても大切な「最高の運命を引き寄せる習慣」になります。

適度に「甘いもの」をいただくための「習慣」が「分かち合う」ことです。

ひとりで食べていると、ついつい自分を甘やかして、食べ過ぎてしまいます。「甘い」ものばかり食べていると、自分にも「甘く」なるのは避けられません。

それを適度に調整してくれるのが、他人の存在であり、他人と分かち合うことで食べる量は減らせますし、他人の目が自分の「甘さ」を自制するためのブレーキ役にもなってくれるので一石二鳥です。

甘いものを分かち合う習慣を身につけるメリットは、それだけではありません。分かち合うことで、美味しさが膨らみます。美味しさだけでなく、豊かさや幸せ感、リラックス感などのうれしいこと、楽しいことは分かち合えば合うほど、膨らむというメカニズムになっています。自分ひとりで甘さ、美味しさを味わうのもよいのですが、周りの人と分かち合ったほうが「甘さ」から得られる「幸せ感」が膨らみ、「甘さ」そのもののカロリーなども抑えられます。**「分かち合い」によって、「幸せ感は倍増！　しかもカロリーオフ！」**とCMのキャッチコピーのような効果が得られるのです（笑）。

「対面同席五百生」というお釈迦様の言葉があります。

これは「対面して（主に食事の）席を同じくするような相手とは、すでに過去世で500回くらい会っているほど、ご縁の深い相手だ」という意味です。
普通に考えて、食卓を囲む機会が圧倒的に多いのは家族でしょうし、二度、三度と食事を一緒にするような人は、かなり親しい人に違いありません。そう考えると、対面して、席を同じくするような相手とは過去世で500回くらい、ご一緒していたほど縁が深い人と言われても、なんとなく納得できるような気がしませんか?

食事をするのは、栄養学的なエネルギーを補給するということだけが目的なのではありません。スピリチュアル的な視点からみれば、**食事をとおして食べ物がもつエネルギーを取り入れているのです。**さらに、同じ食事の席を囲むということは、食べ物のエネルギーと一緒に、**同席している人がもつエネルギーも一緒に取り入れることになるのです。**エネルギー的には、こちらのウエイトのほうが大きいといえるかもしれません。

ある教育関係の専門家の方から、「一日に一度でも家族全員がそろって食卓につき、笑顔で話をしながら食事を食べることが、子供にとって最高の教育であり、それさえできていれば、あとは何の心配もいりません」と、教えて頂いたことがあります。

確かにそうかもしれません。その食卓で子供たちは、食べ物と共に家族というあたたかい安心のエネルギーも補給しているのでしょう。

何を食べるのかよりも、誰と食べるのかの方が、エネルギー的にみれば、より重要です。どんなに美味しい食事を食べていても、気心の知れない緊張させられるような人と食事の席を共にしたのでは、美味しく味わうことはできません。それは相手が発するネガティブなエネルギーを知らず知らずのウチに「食べて」しまっているからです。

楽しく食事ができる相手かどうかは、とても大切な要素です。一緒に食事やお茶の席を共にして、「また一緒に食事やお茶をしたいな」と素直に思えるような相手かどうかが、相性度を測るわかりやすいバロメーターになります。

そういう観点からみても、「甘いものやお菓子など、スイーツを分かち合う」ことを習慣にするのは意味があります。基本的に「甘いもの」は緊張を解き、場の空気を和ませ、リラックスさせてくれます。同席する相手と打ち解けたり、仲良くしたいのなら、やはり「スイーツ」がおススメです。

辛いものは緊張させるので、すでに人間関係ができている相手ならかまいませんが、初対面の人やこれから仲良くしたい人には不向きです。もちろん「甘いもの」が嫌いな人、苦手な人もいるでしょうが、そういう方は基本的に緊張させる、厳しいエネルギーをもっている方が多いので、ちょっと注意が必要。「甘いもの好きに、悪い人はいない」と言いますが、エネルギー的にみれば、確かに正解です。

初めての場所に訪問する際やクレームなどの謝罪の場合、手土産にお菓子やスイーツをもっていくのは、エネルギー的な観点からみても、ちゃんと理に適っているのです。

24

お仏壇やお墓にお菓子をお供えするのも、同じ意味です。

甘いものは、場の空気を和ませ、癒しの波動を与えてくれるので、お供え物として使うのも、極めて理に適っています。

もし、お亡くなりになった方を本当に癒やしたいのなら、お仏壇やお墓に甘いものをお供えするのではなく、小皿に取り分けたものを食卓の隅に置き、「どうぞ、召し上がれ」と故人に声をかけてあげましょう。しばらく置いたら、そのお菓子を食べてもかまいませんが、きっと甘さが抜けていて、味が変わっていて、ビックリすることでしょう。それはその甘さが確実に、亡くなった人に届き、癒していることの証に他なりません。

心理学的な手法を駆使して、相手との間にラポール（＝絆）を築く努力をするよりも、美味しいスイーツを分かち合い、温かいお茶を飲んで、ニッコリ微笑んで「美味しいですね」と言い合えば、それでラポール完了です。

もちろん、「甘やかす」ことが目的ではありませんので、量は少しでかまいません。くれぐれも食べ過ぎにはご注意を……（笑）。

25

25がもつ「数字の暗号」

「25」は、一桁ずつ足すと「２＋５＝７」となり、「７」の要素をもちます。

「２」は「協調・調和」を象徴する数字であり、「５」は「自由と変化」「コミュニケーション」「人間そのもの」を表します。さらに「７」は「ひとり」「完全・完璧」「職人気質」を象徴します。これらの要素から判断すると、「25」という数字がもつ暗号は、「自らのアイデンティティーの確立」「自分自身の内面と外面の完全な統合」などを象徴していると言えるでしょう。

　この日のテーマは、「自分自身と向き合うこと」です。誰か他の人とつながるのではなく、「本当の自分」「内なる自分」と深くつながり、自らの「身口意（＝身体、言葉、意識)」を統一するよう、心がけてみましょう。

25の習慣

瞑想する

ワンポイント 「自分」が「もうひとりの自分」に突っ込みを入れる感じ。

何かひとつのことに集中している時間は、すべて「瞑想」タイムです

「瞑想《めいそう》」と聞くと、何か特別な修行のように感じる方も多いかもしれませんが、少なくとも私の中ではそういう認識はありません。もちろん、「瞑想」の奥は深いので、突き詰めるとキリがありませんが、本来の「瞑想」は、日常と切り離された特別なものではありません。特別な感覚を得るために行う「瞑想」は、本来の趣旨から外れているように私は思います。

私が考える「瞑想」とは、**「本当の自分、内なる自分と向き合い、つながるために、静かなひとりの時間をもつこと」**に他なりません。

毎日、歯を磨いたり、ご飯を食べるのと同じように、「静かなひとりの時間を意識的にもつ習慣」のことを、「瞑想」と呼んでいるだけです。

私たちのアタマは24時間、休まず働き続ける「危険察知レーダー」のようなものです。

アタマは自分の身体を守り、維持することが一番の使命・目的ですから、危険を察知することが最優先のお仕事なのです。なので、常にネガティブなものに注意を払い、危険信号を発信し続けてくれています。

もちろん、それは私たちのアタマがキチンとその役割を果たしてくれている証ですが、そのセイで、私たちはどうしてもネガティブなものに注目する傾向が強くなり、ネガティブ思考が自然に身についてしまうのも避けられません。

だからこそ、そのバランスを整えるために、ポジティブ思考が大切になるのですが、無理なポジティブ思考は結局、バランスを崩すことになるだけなので、要注意です。私がおススメしているのは、**「ちょいポジ（＝ちょっとだけポジティブに偏っている状態）」**。

「ちょいポジ」とは、具体的に言うと、「まあ、いいか〜」という状態です。

その「ちょいポジ」の状態をつくることこそ、「瞑想」を習慣にする最大のメリットだと私は思っています。

確かに日々、いろんなことが起こり、感情は揺れますが、それをネガティブにとらえれば、ネガティブなエネルギーが拡大して、さらにネガティブな現象を引き寄せることになるだけなので、損です。現象そのものはプラスでもマイナスでもなく、ニュートラルであり、それをどう見て、どう解釈するのかが、私たちに委ねられているだけなのです。プラスでも、マイナスでもなく、真ん中に居ること。つまり、それが「まあ、いいか〜」なのです（笑）。

もちろん、どんなことでもポジティブに解釈できれば、素晴らしいことですが、そこに無理がないかをよく注意してみる必要があります。本当に、素直にポジティブなエネルギーから出ている言動なのか、それともネガティブなエネルギーから逃げたり、誤魔化したりしようとして、ポジティブなフリをしているのかを客観的に見極めなければなりません。**この見極めにも役に立つのが、「内なる自分との対話」であり、「内観」、つまり「瞑想」と呼ばれるものです。**

難しく考えることはありません。

一日、5分程度でよいので、自分ひとりの静かな時間をもちましょう。

基本的にはTVやラジオなどの音源はオフにして、ゆったりした深い呼吸に意識に向けて、目を閉じて、ただボーッとしていればよいのです。最初は雑音が気になるかもしれないので、ゆったりとしたヒーリング系の音楽をかけてもかまいませんが、もし音楽をかけるのであれば、歌詞のついていないもののほうがおススメです。

姿勢は立っていても、座っていてもかまいません。寝転んでいてもよいのですが、寝転んでいると本当に寝てしまって、いろいろと不都合が起きやすいので、座っているほうがよいでしょう。このとき、姿勢やポーズのほうに意識を集中させることによって、深い「瞑想」状態に入りやすくするための知恵として、まとめられたのが、今、流行のヨガです。

本来のヨガは、あくまで「内観」に集中し、自らを深い「瞑想」状態に誘うためにポーズが考案されているのであって、身体のエクササイズは本来の目的ではなく、「瞑想」のオマケみたいなものだと言えるでしょう。

私の場合は、主に朝イチ、大体20分程度、自分で考えたお気に入りの「マントラ」を唱えながら、「瞑想」しています。「マントラ」とは、いわば「じゅもん」です。「マントラ」を唱えるのは、「ヨガ」でポーズを組むことと同じ目的です。「マントラ」に集中することで、他のことに意識が乱されることが少なくなり、手軽に「瞑想」状態に入っていきやすいので、おススメです。

「瞑想」のスタイルには、それぞれの好みの問題があるので、一概にどれがオススメとは言えませんが、あまり形にこだわらず、とにかく「意識的にボーッとする時間をもつ」ということを大切にして欲しいと思います。**無意識にボーッとするのではなく、意識的にひとりでボーッとするのです（笑）**。

そのとき、雑念が出てくれば、その雑念を無理に消そうとしたりせず、ただボーッと眺めます。また、フッと浮かんだアイデアや思い出したことがあれば、メモを残しておき、誰かの顔や名前が出てきたら、できるだけすぐにその人とコンタクトをとってみてください。それがあなたの直感力を磨くための、最適なエクササイズにもなるハズです。

さらに「瞑想」の習慣と平行して、ぜひ、自分で自分に突っ込む感覚も、習慣として身につけてみましょう。「自分を客観視する」ということですが、**自分ともうひとりの自分とで漫才をしているような感覚で、自分の言動に鋭くツッコミを入れてみる**のです。

「瞑想」を習慣にすると、それが自然にできるようになってきます。「オイオイ、本当にそれでいいの？」とか、「本当にそれがやりたいの？」とか、「あら、そんなこと言っちゃっても大丈夫？」とか、あらゆる場面で自分にツッコミを入れてみるのです。自分に対して、いいツッコミができるようになってくれば、あなたも「瞑想」が「最高の運命を引き寄せる習慣」として定着してきた証ですから。

26

26がもつ「数字の暗号」

「26」は、一桁ずつ足すと「2＋6＝8」となり、「8」の要素をもちます。
「2」は「協調・調和」を象徴する数字であり、「6」は「母性」「美と調和」「生み・育み・教える」などを表します。さらに「8」は「無限大」「拡大するパワー」「あの世とこの世の統合」を象徴します。

これらの要素から判断して、「26」という数字がもつ暗号は、「二つの世界を統合することによって、そのパワーを最大限に活かし、新しいものを創造すること」と読み解けます。

この日のテーマとしては、「新しいエネルギーの創造」「未来に対してエネルギーを投げかける」などを意識すること。未来の自分を想像して、今まで体験したことのない行動に積極的に挑戦してみることをおススメします。

26の習慣

寄付する

ワンポイント **応援したい人・お店・会社からモノを買う。**

好きな人、お店、ブランドを応援する気持ちで気持ちよくお金を使いましょう

成幸者の習慣として、必ず出てくるのが、**「寄付する」という習慣**です。

誰だって、「寄付する」ことがいいことだとわかっているでしょう。しかし、それを実際に習慣にしている人は多くはありません。寄付できる人と、できない人との違いはなんだと思われますか？　それは結局、**宇宙の仕組み・法則が腑に落ちているかどうかの違い**だと、私は思っています。

成幸者は宇宙の仕組み・法則がよくわかっているので、「寄付する」ことに抵抗がありません。

「投げかけたものが返ってくる」。投げかけなければ、返ってこない」というのが、宇宙の法則です。ただし、この「投げかけたもの」の「もの」とは、「もの」

に限られるワケではありません。お菓子をあげた相手から、同じようなお菓子が返ってきたら、確かにわかりやすいのですが、これは「もの」を交換しているだけ。それでは最初から、たくさんの「もの」をもっている人は、もっているままだし、少ない人は、ずっと少ないままになってしまいます。

実はこの「もの」とは、「エネルギー」のこと。**宇宙では「もの」であれ、「コト」であれ、すべて「エネルギー換算」されるのです。**この「エネルギー」とは、その人にとっての「大切さ度合い」と言い換えてもよいでしょう。

現代では一般的に「大切さ度合い」の最上位に位置するのが、「お金」というエネルギーに他なりません。しかし、私たちの「大切さ度合い」ランキングの最上位に位置する「お金」をエネルギーとして、キチンと扱っている人はごくまれです。

成幸者はこの辺りの仕組みをよく理解しているので、「お金」を丁寧に扱い、そのエネルギーを喜びと共に差し出したり、見返りを求めない「寄付する」ことによって、自分にとって、より「大切なエネルギー」を受け取り、さらに豊かになっていくという善循環を生み出しているのです。

「17の習慣：お財布の中を整理する」のところでも触れたとおり、多くの人はお金を乱暴に扱ったり、投げたり、お金を払うときに不機嫌になったり、不必要に溜め込んでみたり……。とても「大切さ度合い」の最高位に位置するようなエネルギーとして、丁寧に扱っているとはいえません。この様子を神様が見ていたら、「人間はお金というエネルギーが嫌いなのかな？　イヤなら、必要ないよね」と判断されても仕方ありません。

あなたがお金に対してネガティブな思いをもっていたとしたら、結局、集まってくるお金にもネガティブなエネルギーがくっついてくるので、がんばってお金を稼いで、お金をたくさん集めれば集めるほど、ネガティブなエネルギーも集まってきて、お金はあるのにドンドン不幸になるという現象が起きる可能性だってあるのです。

確かにエネルギー効率という観点からみれば、「寄付する」という行為は大きなリターンが期待できる、効率のよいエネルギーの出し方であることは間違いありません。しかし、その前に、**「お金」に対する「ネガティブな思い」のほうをキチンとクリアしておかないと、せっかくの「寄付」も、ネガティブなエネルギーを引き寄せるだけになる可能性もある**ので要注意です。

日本では西洋ほど、「寄付」の習慣が社会に根づいてはいません。

これは日本人が「ケチ」だから……とは、私は思いません。日本人は元々、「村社会」ですし、常に「大和」、つまり「全体」ということを自然に意識して暮らしている民族です。なので、特に「寄付」という習慣を意識するまでもなく、最初から「分かち合い」で成り立っている社会だったのです。

今でこそ、二極化が叫ばれていますが、それでも欧米と比べれば貧富の差が極めて小さい社会です。ですから、改めて「寄付する」ということを強く意識するのではなく、「応援する」という意識で、気持ちよくお金を使えばよいのではないかと、私は思っています。

実際、豊かになるということは、より多くの人を応援できる権利を得るとい

ということです。より多くの人を応援している人が、本当に豊かな人です。富を独り占めしようとするのは、豊かさとはほど遠い行為であり、無価値感の裏返しに過ぎません。より多くの人を「応援する人」こそ、よりたくさんの人から「応援される人」になるのです。よりたくさんの人から「応援される人」が、豊かにならないワケはありません。

特に未来ある若者や独立したての企業、仕事を始めたばかりの主婦などが提供するモノやサービスを購入して応援してあげることは、エネルギー的に見れば、とてもスマートな「寄付」に相当する行為だと、私は思います。

「贅沢・浪費」「ギャンブル・投機」「不必要に貯め込むこと」。

この三つが、お金が悲しむ使い方だと言われます。「寄付」を含めて、ようはこれらとは逆の使い方を考えて、実践すればよいのです。

「喜びと共に分かち合う」「大好きな人やお店、企業を応援する」「感謝と共に気持ちよく差し出す」。この三つが私の考える、「お金が喜ぶ使い方」であり、新しい「寄付」の作法に当たると思います。

私の場合、神社が大好きなので、神社に対するお賽銭は、神社に対する「応援の気持ち」として差し出すようにしています。お賽銭は、ある意味、「寄付」ですが、私には「寄付」という感覚はありません。「いつも気持ちのよい空間を提供してくださって、ありがとうございます。また、こうして参拝できて、とてもうれしいです」という感謝の気持ちを込めて、お賽銭を納めさせていただいています。それでいいんじゃないでしょうか？

ぜひ、あなたにも直接的な見返りを期待しないで「お金」のエネルギーを出す「喜び」を味わっていただきたいと思います。

「お金」のエネルギーは気持ちよく差し出せば、気持ちよく返ってきます。レジでお金を払うときでも、笑顔で気持ちよく……を心がけましょう。それが「最高の運命を引き寄せる習慣」になってしまえば、あなたは自然に成幸者の仲間入りができているハズです。

27

27がもつ「数字の暗号」

「27」は、一桁ずつ足すと「２＋７＝９」となり、「９」の要素をもちます。

「２」は「協調・調和」を象徴する数字であり、「７」は「ひとり」「完全・完璧」「職人気質」などを表します。さらに「９」は「完成・完結」「知恵・賢者」「理想主義」「世界平和」などを象徴します。これらの要素から判断すると、「27」という数字がもつ暗号は、「理想の自分を実現し、完成させる」「みんなのために、自分ができることから始める」と読み解けます。

この日は、「今、自分にとって、本当に何が大切なのか」を意識してみることが大切です。今いる場所で、いったん立ち止まり、本当に自分にとって、大切なことは何かを自問自答してみる、よいチャンスが訪れているのです。

27の習慣

問いかける

ワンポイント **時には謙虚に教えを請う姿勢を忘れずに……。**
タダで教えてもらおうとしないこと。先生にはキチンと対価を支払いましょう

天才・アインシュタインにまつわる有名なエピソードがあります。「60分間で、これから出す問題についての解決策を見つけなければ、『お前の命はない』と言われたら、どうしますか?」という質問に対し、アインシュタインさんは「55分間は、適切な質問をするために使う」と答えたとか。

実際、これは出典がはっきりしないので、本当かどうかはわかりませんが、この話が有名になって、語り継がれているのは、とても大切なメッセージが含まれているからに他なりません。

最近、私たちは何か、わからないことがあると、すぐにインターネットを使って調べます。「グーグル」や「YAHOO!」などの検索エンジンを使っ

て調べれば、大抵のことはすぐわかります。しかし、こうした「検索エンジン」を利用して、ネット上で調べものをするときに一番、大切なことは何でしょう?

そう! **適切な「検索キーワード」を見つけること**です。

つまり、これこそ、アインシュタインさんのエピソードにある「適切な質問」に相当するもの。**「適切な質問」、つまりネット上なら、「適切な検索キーワード」さえ見つけることができれば、「答え」はすぐに見つかります。**これこそ、「問い」と「答え」の関係性を非常によく表している重要ポイントです。

「問い」と「答え」は別々に存在しているのではありません。

「問い」があれば、その裏側に必ず「答え」が用意されています。「問い」と「答え」は同時に生まれ、同時に存在しているのです。「答え」のない「問い」など、最初から存在しないのです。

成幸者とは、常に「問いかける人」のことです。常に「適切な問い」を探し続けている人であり、自らに向かって、「適切な問い」を発し続ける習慣を身につけることこそ、成幸への必要条件だと言えるでしょう。

ただ、なんとなく生きていては、豊かになることも、成幸することもできません。なんの「問い」をもたずに生きているのは、目的もなく、流されているのと同じです。ただ、流されているだけでは、豊かさや成幸という目的地に、たまたまたどり着くことはありません。


言い換えれば、「問い」が生まれないというのは「意識的に何も行動していない」ということです。意識的に行動すれば、必ず「問い」が生まれます。「あれ？　なんでこういうことが起こるのだろう？」「どうして、うまくいかなかったのかな？」「もっとうまくいくためには、どうすればいいのだろう？」

こうした「問い」が人生を加速させてくれるのです。

ただし、**どんな「問い」に対しても、100％満足できる「絶対的な唯一の答え」は存在しません。**

ひとつの「問い」に対して、必ず「答え」は用意されていますが、その「答え」は100％絶対ではありません。ひとつの「答え」を受け取った途端、また新たな「問い」が生まれてきます。そうして、またその「問い」に対する「答え」を求めていく……。それが生きるということだと私は思います。

ここで言う「問い」とは、自分自身にもっと深く問いかけるということです。

ノウハウを手に入れたいのなら、なぜ、なんのために、そのノウハウを手に入れたいのか？　その本当の理由を自らに深く問いかける姿勢が大切です。

残念ながら、そうした深い「問い」に対する「答え」を、誰かから教えてもらうことはできません。第三者から教えてもらえるのは、「やり方」であって、「在り方」ではありません。しかし、**人生で本当に問われるのは、「やり方」ではなく、「在り方」なのです。**

人生の岐路に立ったときの、効果的な質問とは、以下の三つだと、私は思っています。**「これが本当の私なのか？」「これが私の本当に望んでいることなのか？」「そこに愛はあるのか？」**の三つの「問い」です。

今のあなたの状態は、「本当のあなた」を表現しているでしょうか？　あなたが本当に望んでいる状態になっているでしょうか？　ぜひ、深く静かに、自分の内側に問いかけてみてください。愛に満たされているでしょうか？　あなたという存在は周りによい影響を与えていますか？　あなたの行動は周りを豊かにすることにつながっていますか？　あなたは常に、周りの人々と気持ちよく、愛を分かち合っているでしょうか？

何より、あなた自身は愛や豊かさや喜びに満たされているでしょうか？

何度も深く静かに、自らの内側に問いかけて、「答え」を感じてみることです。

「答え」は必ず、あなたの中にあります。

自分の外側に「答え」を探し求めるのも悪くありませんが、本当に探す場所は、外ではなく、内です。「答え」とは、教えてもらうものでも、見つけるものでもなく、ただ「想い出す」ものなのです。最初から、そこにあったことを、ただ想い出せば、それでよいのです。

ただし**「問い」と「文句」を勘違いしないようにしてください。**

自分ができる範囲で、「どうすればいいのか?」という具体的な行動を考えることが「適切な問い」につながります。「どうして、こんな目に遭うの」「なんで私ばっかり」など、自分は変わろうとせず、原因を自らの外側に求めて、責任転嫁しているのは「文句」に過ぎないと知ることです。

最後に、「答え」は必ず自分の中に在るからと言って、**すべてを自分ひとりで抱え込まないように注意してください。** 時には誰かに教えを請うことも、もちろん有効です。そのとき、大切なことは、以下の5つ……。

「敬意や報酬は払っても、へりくだらないし、依存しない」「選択権はこちらにあり、すべてを受け容れる必要はない(いいトコ取りでOK)」「アドバイスと人格は別物と割り切る」「教えを実行するのは、あくまで自分」「答えをひとつだけ、回答者をひとりだけに絞り過ぎない」

教えを請う目的は、自らの「気づき」を促す、キッカケづくりです。キッカケさえ、もらえれば、あとは自分でできるハズです。なので、あなたをコントロールしたり、依存させるような「教え」には、要注意ですよ。

「28〜31」の「最高の運命を引き寄せる習慣」

㉘ ㉙ ㉚ ㉛

『みんなを意識して、みんなと一緒にできること』

20番台の後半と30番台では、自分の外側の世界に対して、よりエネルギーが注がれることになります。パートナーや家族、友人、知人、ご近所さん、会社の同僚や上司や部下、地域社会、日本という国や地球全体に対してなど、外に向かってエネルギーが拡大していくという共通のテーマをもつステージです。

「3」は「子供」を象徴する数字であり、ひとつのグループとしての最小単位を表します。「1」が「お父さん」、「2」が「お母さん」、「3」が「子供」で、初めて「家族」というひとつのグループが形成されるので、ここでの習慣は「家族」「仲間」「グループ」など、複数の人の集まりを意識して、そことつながり、その集まりの一員として、何かできるのかがポイントになります。

もう自分のことだけを考えていればよいステージではありません。

自分の周りに対して、意識を大きく開き、家族や仲間、会社や社会などのグループに対して、自分が貢献できることはなんなのかを問いかけ、行動していく姿勢を大切に、新たな習慣に積極的に取り組んでみましょう。

28

28がもつ「数字の暗号」

「28」は、一桁ずつ足すと「２＋８＝10」。さらに「１＋０＝１」となり、「28」は、「19」と同じく「１」の要素をもつ数字に分類されます。
「２」は「協調・調和」を象徴する数字であり、「８」は「無限大」「拡大するパワー」「あの世とこの世の統合」などを表します。ここから、「28」という数字がもつ暗号は、「夢や理想を実現するため、ひとつの目標に向かって、みんなで力を合わせてがんばること」と読み解くことができます。

この日は、「自分のことだけでなく、周りを巻き込むような、できるだけ大きな夢やビジョンを掲げ、それを宣言すること」にチャレンジしてみましょう。ポイントは、有言実行。「小さな一歩」でよいので、宣言と同時に、今できることをすぐに実行に移す、積極的な姿勢が大切です。

28の習慣

祈る

ワンポイント　自分専用の「祈り」のスペースをつくる。

そこで「すべての命」の幸せを静かに祈ってみましょう

外国の映画などを観ていると、「祈り」の場面がたくさん出てきます。食事の前に祈り、寝る前には祈り、教会に行っては、また祈り……。イスラム教では、聖地の方角に向かって、一日に何度も祈りを捧げることが習慣とされているのは有名ですが、その他の宗教でも、「祈り」は日常的な習慣として定着しており、生活のあらゆる場面に根ざしているように見えます。

それに対して、現代の日本はどうかと言うと、お仏壇や神棚があるお家では、日常的にお祈りを捧げることが習慣になっているかもしれませんが、それらがなければ、意識的に祈るのは、お墓参りのときと初詣のときぐらいかも……という方も珍しくはないでしょう。

世界中で、「祈り」は習慣化されているのに、日本では、「祈り」の習慣があまり定着していないように見えるのはどうしてでしょうか？

「祈り」とは、「神聖視する対象になんらかの意思疎通や交信を図ろうとする人間の行動様式である」と定義されています。

日本語の語源からみると、「祈り」とは「意・宣（の）る」。つまり、「自分の意識や思いを口に出して表現すること」という意味であり、神様と呼ばれるような「大いなる存在」に対して、自らの神聖な思いを表現する行為のことを、「祈り」と呼んでいるかもしれません。

そういう視点で考えると、**もともとの日本語、いわゆる「大和言葉」は、どれもほとんど、祈り言葉だと言えるでしょう。**

日本語は、口語ではほとんど主語も、目的語もありません。特に「ひらかな」だけで表される、外国語に翻訳できないような、日本語独特の言い回しは、文法的に考えると、意味がよくわかりません。

具体的には、「ありがとう」「おかげさま」「もったいない」「いただきます」「ただいま」「ごめんなさい」などが、「大和言葉」です。

こうした「大和言葉」には、主語もなければ、目的語もないし、何より動詞だか、形容詞なんだかさえ、はっきりしません。しかし、ここにこそ、日本語の最大特徴が隠されているのです。

これらの言葉は、目の前の相手はもちろん、自分自身を含めた「目に見える存在」「目に見えない存在」など、あらゆるものを対象にした、まさしく「祈り言葉」なのです。

だから、動詞でも、形容詞でもなく、主語も、目的語もつかなかったのです。

たとえば、「ありがとう」の語源は、「在り難し」。つまり、本来は神仏に対して、「今、在り得ないような奇跡が起こっています」という畏怖《いふ》と感謝の念を現す言葉であって、元々は何かをやってもらったことに対する御礼の意味で使う言葉はありませんでした。

そうした古くからの正しい日本語は、本来「祈り言葉」だったため、普通に日本語を使っていれば、あえて祈らなくてもよかったのです。ことさら「祈る」必要がないくらい、すべての言葉に「祈り」の波動が込められていたのが、本来の日本語、「大和言葉」だったのです。

外国の人々が日常、頻繁に「祈る」のは、祈らざるを得なかったからではないでしょうか？

英語のように常に「I」を主語にして、「私」つまり、自我やエゴを主張し続けて暮していている中では、「祈り」の時間を意識的に持たないと、精神的なバランスが崩れてしまう恐怖を抱えているからこそ、頻繁に「祈る」のではないでしょうか？ 常に「私」というエゴを主張することに対する、一種の免罪符として、彼らは懺悔《ざんげ》をし、許しを請うために祈らずにはいられなかったのではないかと、私は考えています。

しかし本来、祈り言葉であった、すばらしい日本語も、現代ではある意味、それがアダとなっている可能性も否定できません。乱れた日本語を使うことによって、「祈り」の効果は薄くなります。そうすると元々、日本人は「祈る」習慣がありませんから、ドンドン、目に見えない「大いなる存在」と切り離された状態に陥ることは避けられません。

「祈り」とは、自分を超えた、大きな存在とつながることに他なりません。そのつながりが絶たれてしまったことが、精神を病む原因となり、多くの自殺者を生み出す要因にもなっているのではないかと、私は思っています。

今こそ、もう一度、すばらしい「祈り言葉」としての日本語、「大和言葉」を見直すチャンスです。**「ありがとう」「おかげさま」「もったいない」「いただきます」「ただいま」「ごめんなさい」などの日本語特有の表現を意識的に使うことが何より大切で、それが自然に「祈り」の習慣にもつながります。**そうした「祈り言葉」を毎日、たくさん使っていれば、特に「祈り」を意識しなくてもいいぐらいです。

多くの人は、「祈り」の意味をはき違えています。神社などで、「～ますように……」と、祈っている姿をよくみかけますが、残念ながら、それは「願望」であり、「祈り」ではありません。さらに、その願い方では、「願望」が叶うこともありません。

「願い事」と「祈り」をゴチャ混ぜにしてはいけません。神仏は自分の願いを他力本願で、安易に叶えてくれるような存在ではないのです。

「祈り」とは「宣言」です。「大いなる存在」に生かされていることへの感謝を捧げた上で、「〜します！」と自らの強い意志を神仏の前で、高らかに唱えることこそ、本来の「祈り」です。さらに、「願い」の語源は「ねぎらい」であり、神仏に対して、「いつもありがとうございます」と労し、感謝することが、本来の「願い」の意味でもあるのです。

自らの思いを宣言する、本来の「祈り」ができれば、さらにバージョンアップした、「祈り」にも挑戦してみましょう。真の「祈り」とは、自分のことでも、自分と直接、利害のある相手のことだけでもありません。生きとし生けるもの、すべてを対象にした宣言が、真の「祈り」です。

一日に一度でよいので、そうした真の「祈り」の時間を持つ習慣を身につけましょう。そのためにも、自分の部屋の中に、祈りのスペースを設けることをおススメします。お花や鏡、自分のお気に入りのパワーストーンなどを飾って、自分専用の「マイ祭壇」をつくるのです。


その「マイ祭壇」に向かって、毎日最低一度は、手を合わせて真剣に祈る習慣を身につけましょう。

「すべての命が無限に光輝きますように……」

「世界中の人々がみな、平和で、うれしく、楽しく、幸せに暮らせますように……」

「〜ように」という言葉を使って、祈ってもいいのは自分以外の存在に対する、こうした真の「祈り」のときだけです。

29

29がもつ「数字の暗号」

「29」は、一桁ずつ足すと「２＋９＝11」。本来は「１＋１＝２」となり、「２」の要素ももちますが、「11」は、特別な意味を持つ神聖な数字（＝マスター数）なので、「29」は「11」の要素をもつ数字として扱います。

「２」は「協調・調和」を象徴する数字であり、「９」は「完結・完成」「知恵・賢者」などを意味します。さらに「11」は、「革命・革新」を暗示する、スピリチュアルな数字で強いメッセージ性をもっています。

ここから、「29」という数字がもつ暗号は、「大切な人の幸せを願い、サポートすること」「人の役に立ち、人に喜んでもらうことを目指して表現し、それを自分の喜びとすること」などと読み解くことができます。

この日は、「身近な人をサポートし、大切な人を喜ばせること」を意識して、直感やヒラメキを活かして、積極的に行動していきましょう。

29の習慣

両親に感謝を伝える

ワンポイント **できるだけ自分の口で、両親に直接伝えること。**

故人の場合は、紙に書いて声に出して読み上げ、そのあとは燃やしましょう

この世には、ひとりで生まれてきた人など、誰ひとりいません。すべての人に、お母さんが存在し、お父さんも存在しています。

お父さんが特定できないという方も中にはおられるかもしれませんが、仮に特定はできなくても、お父さんの存在が消えてなくなるワケではありません。

そう、私たちにはひとりの例外もなく、お母さんとお父さんという両親が存在しているのです。

もちろん両親にも、それぞれお母さん、お父さんがいて、さらにそのお母さんにも、またお母さんとお父さんが居ます。そうやって、永遠のごとくお母さんと、お父さんという存在がつながってきた、その先に「私」が居るのです。

そのウチ、誰かひとり欠けても、「私」はこの世に存在していません。
冷静に考えてみると、これはかなりスゴイことではないでしょうか？

子供が思春期を迎え、親に反抗するようになると、「産んでくれと、頼んだ覚えはない！」などと悪態をつくことがありますが、スピリチュアル的にみれば、間違いなく、私たちは自分で親を選んで生まれてきています。「産んでくれ」と頼んだかどうかは、わかりませんが、「あなたの子供として、生まれたい……」と希望して生まれてきたのは、まぎれもなく子供の側です。**「覚えがない」だけで、子供が自分の意志で親を選び、子供になることを決めてきたのです。**

現実的にも人間の子供ほど、手のかかる生き物は他にいません。子供を育てた経験のある方ならわかると思いますが、三歳になるくらいまでは、生活のすべてが親かがりで、自分では全く何もできない動物など、この地球上には人間以外には存在しません。

スピリチュアル的にも、現実的にも、私たちは両親から多大な恩恵をもらったからこそ、今、こうして生きていられるのです。
もちろん、すべての親が人間として完璧だとは言えませんし、とても尊敬できないような親が居ることも否定できません。しかし、両親という存在がなければ、「私」はこの世に存在していません。尊敬できなくても、好きになれなくても、許すことができなかったとしても、その事実に対して、感謝することはできるハズ。「そこ」が、人生のスタート地点なのですから、「そこ」を感謝して、受け入れられないと、どんなに必死にがんばってみても、幸せになることも、豊かになることも、成幸することもできません。

人生はオセロゲームのような構造になっています。

人生では、辛いこと、苦しいこと、悲しいこともたくさんあります。それはオセロゲームで言うところの黒のチップのようなもの。しかし、過去にどんなにたくさん黒のチップが置かれていたとしても、今ここで、幸せや豊かさや喜びなどの、白のチップを置いた途端、今までの黒がすべてひっくり返って、白のチップに置き換わることになるのです。

そのために大切なことは、二つ……。

ひとつは、「今ここ」に、白のチップを置き続けること。そして、もうひとつが、人生のスタート地点に置いてある、白いチップを確認することです。

人生のスタート地点に黒いチップが置かれていると勘違いしたまま、人生を歩んでいると、ちょっと辛いことに遭遇すると、すぐに全てが黒のチップに変わってしまい、親を恨んだり、文句をいうだけの人生に陥ってしまいます。これでは本当の意味で「成幸者」になることは決してありません。

すべての人の人生のスタート地点には、必ず白のチップが置かれています。この世に生まれてくるということが、どれほど奇跡的で、在り難く、幸せで、豊かなことであるのかを思い出し、確認するための大事な習慣が、「両親に感謝する」ということに他なりません。

「両親に感謝する」ということが、習慣になれば、申し分ありませんが、実際に、親に感謝を直接、伝えるのはかなりハードルの高い行為です。もちろん、だからこそ、効果も高いのですが、毎日、感謝することを習慣にできなくてもかまいません。

とりあえず、自分ひとりのときの「陰・感謝」でもよいので、両親に対する感謝の想いを口に出して唱えてみましょう。

「お母さん、お父さん、ありがとうございます」と、ひとりでつぶやくだけでもOKです。それを習慣にするだけでも、確実にあなたの人生は変化することになるでしょう。

「両親に感謝する」という行為は、それほどパワフルな、まさに「最高の運命を引き寄せる習慣」なのです。

さらに、ここぞ……というときに、以下の言葉を両親に伝えてみてください。

これは**本当にパワフルな『魔法の言葉《じゅもん》』**です。この言葉を直接、両親に伝えた瞬間から、あなたの人生は劇的に変化すること受け合いです。

29

あなたが本気で人生を転換したい……、より自由に、より豊かに、より幸せになりたい……、成幸者になりたい……と思っているとしたら、この二つの『魔法の言葉《じゅもん》』を避けてとおることはできないと覚悟してくださいね。

お母さんに対して……。

『お母さん、私をこの世に産んでくださって、ありがとうございます。感謝しています』

お父さんに対して……。

『お父さん、私をこの世に誕生させてくださって、ありがとうございます。感謝しています』

30

30がもつ「数字の暗号」

「30」は、一桁ずつ足すと「3＋0＝3」。「3」の要素が「0」によって、さらに増幅、拡大している数字です。「3」は「子供」を象徴し、ひとつの周期、グループの最小単位を表す数字です。それが「0」によって強調されて、さらに創造性やエンターティメント性などの特徴が強くなります。

ここから判断すると、「30」という数字がもつ暗号は、「仲間と共に楽しく愉快に、新たなものを生み出す創造的なパワー」と読み解くことができます。

この日は、「自分ひとりではなく、できるだけ仲間と一緒に行動をともにすること」を意識してみましょう。結果や成果を気にせず、みんなと一緒に「楽しむ」という目標を定めて、楽しく過ごすことにフォーカスすれば、きっと想像以上の成果が得られることでしょう。

30の習慣

歌い踊る

ワンポイント　日常の中で鼻歌を歌い、踊るように身体を動かす。

悲しいとき、辛いとき、元気が出ないときほど歌と踊りを意識しましょう

生きていると、いろいろなことがあります。

楽しいことばかりではなく、辛いこと、苦しいこと、悲しいこともたくさんあります。ただ、私たちはすっかり忘れてしまっていますが、楽しいことも、悲しいことも、すべてひっくるめて、そうした「いろいろ」を味わうために、私たちはこの世に生まれてきているのです。

ですから、楽しいことばかりの人生では、退屈してしまうでしょうし、辛いことばかりの人生というのも宇宙的に診れば、あり得ません。どんな人の人生にも「いろいろ」があって、人生とは「いろいろ」で成り立っているのです。

その「いろいろ」ある人生には、句読点が必要です。

楽しいことと辛いことの間には、必ずなんらかの切り替えポイントがあります。それが「人生の句読点」と呼ばれるものです。句読点の打ち方については、人それぞれ、いろんなやり方、習慣があると思いますが、**私がおススメしたい人生の句読点になる「最高の運命を引き寄せる習慣」が、「歌い・踊る」です。**

実際、人間は古来から、ずっと歌ったり、踊ったりして生きてきました。人間の歴史には、神話の時代から、常に「歌と踊り」がつきまとっています。神々の世界を描いた神話には、歌ったり、踊ったりの場面がたくさん出てきます。神々の世界では歌ったり、踊ったりすること自体が、生きる目的になっていたのかもしれません。

歌ったり、踊ったりしていると、いろんなことを忘れていきます。

無心に歌ったり、踊ったりすることで、人生の「いろいろ」から解放され、リセットしてくれる効果が「歌や踊り」にはあるのです。この人生のリセット効果がある行動を習慣として、取り入れない手はありません。

「踊り」の原型は、「舞い」。「舞い」は「参る」につながり、本来は神々に対して、祈りを捧げるための所作を「舞い」と言ったそうです。

「歌」も「打つ」につながり、もともとは手拍子や拍手《かしわで》に合わせて、言葉をのせて吟じることが「歌」の原型だと言われています。つまり、歌も踊りも、祈りの形から派生したものだということ。

だからこそ、歌ったり、踊ったりすることで、「大いなる存在」につながりやすくなり、人生をリセットする効果が得られ、ニュートラルな状態に戻ってくることができるようになるのでしょう。

そんな理屈はともかく、歌ったり、踊ったりするのは単純に楽しいことです。幼稚園で教えてもらうことの定番と言えば、「お歌」と「お遊戯《ゆうぎ》」、つまり「歌」と「踊り」に他なりません。これを幼稚園児に教えていることをみても、「歌」と「踊り」が、いかに人間の本能に根差しているかが、見てとれます。無心で歌ったり、踊ったりしている園児たちの姿は、本当に楽しそうで、天使が地上に舞い降りているかのように見えます。

小さい頃は、そうやって素直に自己表現することができていたのに、大人になると、どうして自由に歌ったり、踊ったりすることができなくなってしまうのでしょうか？　それは結局、うまいとか、下手とか、他人からの評価を気にすることで、萎縮してしまっているだけではないでしょうか？

幼稚園児の様子を見るまでもなく、「歌」や「踊り」は元々、すべての人間に備わっている才能で、歌えない人とか、踊れない人など、存在しません。「歌」や「踊り」はうまい、下手を評価するものではなく、楽しむかどうか、楽しめるかどうかだけなのです。

「3の習慣：笑顔をつくる」のところでも書いたとおり、「楽しいから、笑顔になる」のではなく、「笑顔をつくるから、楽しくなる」のですが、これは「歌」や「踊り」についても同じ。「楽しいから、歌や踊りが出る」のではなく、**「歌ったり、踊ったりするから、楽しくなる」**のです。私たちの脳には、そういうシステムが組み込まれているようなのです。そのお得なシステムを活用しない手はありません。

30

お風呂に入ると、ついリラックスして鼻歌が出てしまう人も多いでしょう。難しい顔をして、悩んでいるときは、鼻歌など出てきません。鼻歌が出るのは、明らかに状態のいい証拠です。

まずは意識的に鼻歌を歌うことから、習慣にしてみましょう。

基本的にどんな歌でもかまいませんが、あまりネガティブな歌詞のものやスローテンポのものは、鼻歌向きではありません。鼻歌を習慣にするためには、日常的に音楽を流す習慣をつけること。鼻歌は「移る」のです。あなたが鼻歌を口ずさんでいれば、あなたの周りにいる人に、その鼻歌は確実に移っていきます。ぜひ、鼻歌を歌ってみて、周りの方をじっくり観察してみてください。

たぶん7～8割くらいの確率で、あなたが歌っていたのと同じ鼻歌を、あなたの周りの人も歌うことになるでしょう。あなたが鼻歌を歌えば、確実に周りの人に幸せの波動が広がります。幸せな波動を振りまく人には、さらに大きな幸せな波動がギフトとして返ってくることになるのです。

踊りの方も、キチンと習ってみるのもアリですが、もっと気楽に考えて、「自由に身体を動かすこと」というふうに考えてみれば、どうでしょう。

運動やスポーツで汗を流すのも、「踊り」の延長だと思えばよいのです。ただ、なんとなくボーッと歩くのではなく、少し意識して、リズミカルに歩けば、それも「踊り」の一種と言えるかもしれません。

会社の会議で身振り、手振りを交えて、一生懸命プレゼンをするのも、ある意味「踊り」のようなものかもしれません。私も講演をするときは、できるだけ会場内を動き回るように意識して、身振り、手振りを交えて、踊るようなパフォーマンスを心がけているつもりです。

そう考えると、生活のあらゆる場面で、「歌」や「踊り」を取り入れることが可能になります。**もっと自由に、あなたらしい「歌」や「踊り」を日常の中で表現すればよいのです。**この「最高の運命を引き寄せる習慣」が、あなた自身はもちろん、あなたの周りにも幸せな波動を広げてくれることになるのです。

31

31がもつ「数字の暗号」

「31」は、一桁ずつ足すと「3＋1＝4」となり、「4」の要素をもちます。
「3」は「子供」や「創造力」、「1」は「父親」であり、「矢印」を表し、共に男性性のエネルギーをもっています。さらに「4」は「真面目・誠実」「現実世界」などを象徴します。同じ数字の要素をもつ「13」は「強いパワー」「大きな権力」「現実的な支配」などを象徴していましたが、「31」の数字の暗号は、アクティブな子供のエネルギーが強くなり、「創造性のパワーを一箇所に集中させて、現実的な形を生み出す」と読み解くことができます。

この日は、「あれこれ欲張るのではなく、何かひとつのことにパワーを集中させ、キチンと形に仕上げていくこと」を意識してみましょう。アイデアをたくさん出すのはかまいませんが、言いっ放しになったり、途中で投げ出さないよう注意しましょう。

31の習慣

作品を残す

ワンポイント　自分の作品を誰かに「見てもらう」と意識すること。

自らの作品発表の場としてインターネットやSNSを有効活用しましょう

「キチンと形に残す」という習慣を身につけることは大切です。

言い換えれば、「やりっ放しにしたり、中途半端で投げ出さないこと」。やると決めたら継続し、最後まで仕上げることが習慣として身についているかどうかで、人生で受け取る恩恵が、大きく変わってくるのは避けられません。

誰だって、最初から完璧な「作品」を作ることなんて、できません。

どこまでやっても完璧な「作品」なんて、完成することなど、ないのかもしれません。今の「作品」は現時点での「ベスト」であっても、それが未来永《えい》劫《ごう》、「ベスト」の「作品」であり続ける保証など、どこにもありません。いいえ、むしろ、それがずっと「ベスト」の作品だったとしたら、それは過去の自分を

31

超えられなかったという証明であり、ちっとも喜ばしいことではないのかもしれません。

「作品を残す」ということは、今の自分のベストを尽くし、それを第三者に見てもらうということです。

「今のベストは、これです」と認める勇気と潔さをもつことです。そのために、目に見える形に仕上げることが大切なのです。目に見える形にして、第三者に対してキチンと表現しておかないと、いくらでも言い訳がとおってしまいます。それでは、「作品を形に残す」意味がありません。目に見える形にして、みんなに見てもらうことに意味があるのです。そのために、キチンと形にして、「作品に残す」習慣を身につけることが大切なのです。

「形に残す」ことで、ひとつの基準が生まれます。

それは他の誰かと比べるためのものではなく、あくまで、今日の自分の作品と明日の自分の作品を比べるための基準として、形に残しておくのです。

比べるのは、過去の自分と今の自分です。誰かのためではなく、あくまで、自分のために「作品を残す」のです。

もちろん、結果的に、その作品を見た人が、喜んでくれれば、うれしいことですが、「他人のため」「誰かを喜ばしてやろう……」とすると、違うものになりやすいので、要注意です。

あくまで、自らの成長度合いや変化の様子を客観的に判断するためのひとつの基準、目安として、「作品を残す」ことを私はおススメします。

たとえば、お仕事をしている人なら、「これが、私の仕事です！」と胸を張って言える仕事をすることです。どんな些細なことでもいいのです。「これは私がやりました」「ここは私の仕事です」「この部分が、私の作品です」と自信をもって、周りに伝えることができるかどうかが、大切です。

ＯＬさんなら、「この資料は私が作りました」とキッパリ言えるかどうか。

お花屋さんの店員なら、「このアレンジは私が作りました」とか、スーパーのスタッフなら、「このＰＯＰは私が書きました」とか、アパレルの販売員なら、「この棚の陳列は私がやりました」とか、そういう日常的な些細なことでよいのです。営業のサラリーマンさんなら、出会ったお客様の名刺に顔写真をつけて残しておくとか、お客様とやりとりしたお手紙やハガキをカメラやパソコンに残していくとか、そういう、ちょっとした工夫を加えてみましょう。

それがあなたの「人生の作品」になります。ぜひ、それを「形に残す」、つまり記録しておきましょう。今ならスマホやデジカメで撮影して、パソコンに保存しておけば、それだけで「あなたのお仕事・作品集」ができあがります。結局、それがあなたの「キャリア」になるのです。

転職の際、履歴書に細かく職歴を書くよりも、そうした「作品」を具体的に提示すれば、採用担当者があなたを見る目も、きっと違ってくるでしょう。

主婦の方なら、家事の中で、自分が自信のあるもの、自分の得意なもの、好きなことを「作品」という意識で仕上げてみるのです。

お料理が得意なら、毎日の献立やレシピを記録しておき、実際の食卓の様子をデジカメで撮影して記録しておくのもよいでしょう。

子供の成長記録を目に見える形で残しておけば、「子育て」そのものが、あなたの「作品」になるかもしれません。

「作品を残す」という習慣を身につけるためには、続けることが何より大切。

そのためにも最初から、大きな目標を掲げすぎないことです。小さなこと、本当に些細なことからでよいのです。

一日、一週間、一カ月、一年という単位で、「作品を残す」ことを意識してみましょう。毎日、ひとつ「作品」を残せれば、一年で365個の作品が生まれます。一週間にひとつなら、一年でおよそ、52個。一カ月にひとつなら、12個です。それをコツコツと積み重ねていくこと。それが習慣として定着したとき、「あなたらしさ」という自信とブランドが、同時に確立されることになるのです。

今は在り難いことに、ネット上にブログやFB、YouTubeという「作品、発表の場」が用意されています。ぜひ、**これらを有効に活用しましょう。**

あなたの大好きなこと、得意なこと、できること、なんでもよいので、「形に残す」ことを意識して、ネット上にアップしてみましょう。周りの評価は気にしないこと。**比べるのは、あくまで「昨日の自分」であり、「昨日の作品」です。**

あくまで自分のために「作品を残す」のですが、適度な緊張感を保つためにも、第三者に「見てもらう」という意識をもつことも大切です。

ネット上にアップされた、あなたの「作品」を見て、「それが欲しい」とか、「それを教えて……」と言ってくる方が出てこないとも限りません。

今は素人の「オリジナル作品」が、もてはやされる時代です。それが自然にお仕事につながり、独立起業することだって、決して夢ではありません。

「作品を残す」という、この「最高の運命を引き寄せる習慣」を身につけられれば、そんな美味しいオマケが一緒についてくるかもしれません。

「32〜33」の「最高の運命を引き寄せる習慣」

32

33

『「目に見えない（スピリチュアルな）世界」を意識して、働きかける』

現在、世界で採用されているグレゴリオ歴では、31日以上の月はありません。したがって、「32」「33」は現実的なカレンダーには存在しない「日に見えない日」です。もちろん、数字は「33」で終わりではなく、永遠と続いていきますが、ここでは現実的なカレンダーの終わりを示す「31」以降、「日に見えない世界」を表す代表として、「32」「33」の二つの数字のみ、取り上げてみたいと思います。

この世界は、「日に見える世界」と「日に見えない世界」との二つの世界から成り立っています。どちらか片方ではどちらも成り立たず、この二つはコインの裏表のように、切っても切れない関係です。

「1〜31」までの「日に見える習慣」は、すべて「日に見えない世界」につながり、「日に見えない世界」にも作用します。同様に「32」「33」の「日に見えない習慣」は、「日に見える世界」につながり、「日に見える世界」にも多大な影響を及ぼすことになるのです。

「どちらが」ではなく、「どちらも」です。どちらも、あなたの人生を変えてしまうだけのパワーをもつ、「最高の運命を引き寄せる習慣」に他なりません。

32

32がもつ「数字の暗号」

「32」は、一桁ずつ足すと「３＋２＝５」となり、「５」の要素をもちます。
「３」は「子供」や「創造力」、「２」は「母親」であり、「協調・調和」を表します。さらに「５」は「人間そのもの」「自由と変化」「スピード」「コミュニケーション」などを象徴する数字です。ここから、「32」という数字がもつ暗号は、「人間らしさ」を表し、「多くの人々とつながることによって、人間のもつ無限の可能性や創造力を最大限に発揮すること」と読み解くことができます。

この数字に相当する日は、カレンダー内にはありません。この数字を目にしたり、気になったときはいつでも、「自らの可能性を制限せず、創造力を最大限に発揮すること」にチャレンジしてみましょう。そのとき、その創造的なアイデアが、どれだけ多くの人を喜ばすことになるのかを意識すれば、そのアイデアは実現の可能性がグッと高まることになるハズです。

32の習慣

意図を放ち宇宙にオーダーする

ワンポイント　明確な意図を放ったら、あとは目の前のことに集中するだけ。

忘れたころに、予想もしていない形で、きっと実現しますから

私たち誰もが、「無限の可能性」をもった存在です。

脳の機能は全体の90%以上が、使われず眠ったままだと言われますが、そのウチのわずか1割でも活性化されれば、現在、使われている脳の機能が何倍にも膨れ上がることになるのですから、どんなスゴイ世界が展開されることになるのかは、想像がつきません。

私たちがイメージの世界で想像できるものは、ほとんど実現可能だと言われています。

人間の想像力は無限ですから、私たちの未来が「無限の可能性」に満ちているのはある意味、当然なのです。

実際に百年前には夢物語だった世界を、私たちは今、現実に生きています。

自らの可能性を制限するということは、自分で自分に罰を与え、自らの意志で自分を縛り上げて、自ら進んで牢獄に入っているようなものです。

そうした「制約」や「制限」という名の牢獄から、あなたを解放できるのは、あなたにしかできないお仕事であり、それが人生で最も重要な、「目に見えない領域」でのお仕事だと言えるかもしれません。

その人生で最も大事な「目に見えない領域」でのお仕事のカギを握るのが、「意図を放ち、宇宙にオーダーする」という習慣です。この習慣を身につけることこそ、あなたを「制約」や「制限」という名の牢獄から解放するための「最高の運命を引き寄せる習慣」に他なりません。


宇宙はあなたからのオーダーを常に待っています。

宇宙は、どんなにややこしい注文でも必ず応えてくれる、あなた専用のスーパーレストランのようなものです。

「意図を放つ」とは、この宇宙のスーパーレストランにオーダーをとおすことです。多くの人が、「人生がうまくいかない」と感じているのは、この宇宙レストランへのオーダーの仕方が間違っているからに他なりません。

ここでその仕組みについて詳しく解説していると、あまりに長くなるので割愛して、オーダーのコツだけお伝えします。この習慣を身につけるだけで、今までよりは確実に、宇宙レストランに対するオーダーがとおりやすくなり、希望に近い料理が目の前に運ばれてくることになるのは確実ですから……。

その具体的な方法とは……、

「まず、自分のオーダーの内容・中身をできるだけ、明確にすること」
「オーダーが決まったら、宇宙に向かって、オーダーをはっきりと声に出して、一回告げること」
「オーダーをとおしたら、あとは忘れてしまうこと」。

この3ステップが基本です。

そのとき、ポイントになるのが、以下の3つ。

32

「ネガティブな理由で、オーダーしないこと」

「注文は、現在形（〜します）、もしくは現在進行形（〜しつつあります）で伝えること」

「一度、注文したオーダーを疑わないこと、届いた料理（結果）に文句は言わないこと」。

宇宙には「否定」という概念がないので、「○○がイヤだから、△△をお願いします」と、オーダーしても、「○○がイヤ」のイヤだけが省かれて、「△△」のほうではなく、先に強く思った「○○」のほうだけが実現することになってしまいます。ここに大抵の人の願望が、実現しない理由があります。

また、宇宙には「時間」という概念もないので、「〜ように」とか、「お願いします」と言う形でオーダーしてしまうと、まだ、「そうなっていない」という状態を実現するような形で宇宙が動くので、いつまで経っても「そうなっていない」状態が続くことになるのです。

さらに、一度、意図したオーダーを疑うということは、宇宙を信用してない証拠ですから、その疑いのエネルギーが、疑いたくなる現実を引き寄せることになるので要注意です。

一度、キチンととおしたオーダーに対しては、宇宙レストランは忘れたり、間違ったりすることは決してありません。あなたにとって、最適のタイミング、ドンピシャの状態で、最高の料理を出してくれるのですから、それは信じて待つしかありません。

もし仮に、目の前に出された料理（＝現象）が自分の意図したものと違っていたら、それは宇宙レストランのミスではなく、あなたのオーダーの仕方に問題があったということです。それを踏まえて、もう一度、宇宙にオーダーをし直せばよいだけです。

この3つのステップ、3つのポイントを覚えておいて、じゃんじゃん、宇宙にオーダーしてみてください。**これも「習うより、慣れろ」です。**

最初は、なかなかうまくオーダーがとおらず、イライラしたり、落ち込むかもしれませんが、これも慣れの問題。日常的にオーダーを繰り返すことによって、段々と宇宙へのオーダーの仕方がうまくなっていくのです。

オーダーの際のコツは、「今、とても豊かで幸せで、恵まれている」というところからスタートすること。その上で、「こんな料理（＝体験や願望）も味わってみたいな〜」とワクワクしながら、オーダーしてみましょう。

今、幸せなのですから、その料理が味わえなくても、特に困りません。「そうなったら、うれしいけど、そうならなくても、やっぱり幸せだ」という感じです。どちらにしても幸せですから、結局、どっちでもいいのです（笑）。

このどちらでもいいと、「ゆるやかに握っている感じ」が、宇宙レストランに対して、オーダーを上手にとおすためのポイントだと、私は思います。

この習慣、一度、身につけてしまうと、きっと病みつきになりますよ（笑）。

33

33がもつ「数字の暗号」

「33」は、一桁ずつ足すと「3＋3＝6」となり、「6」の要素ももちますが、二桁のゾロ目である「33」は、「11」や「22」と同じく、特別な意味を持つ神聖な数字、「マスターナンバー」として扱います。「33」は「三十三観音」に象徴されるような、すべてを救う菩薩の域を暗示する数字。この世とあの世のすべてを包み込んでしまうスケールの大きさが特徴です。
「33」という数字がもつ暗号は、「人類愛」「普遍的な愛」など、「見返りを一切求めない、「無償の愛」のエネルギー」を表すと読み解けます。

この数字は、次のステージに進むタイミングが訪れているサインだと知ることです。過去に縛られず、自らの無限の可能性を信じて、「本当の自分」を思い切って解放してあげましょう。「あなたはあなたのままでいい」というのが、「33」という数字が伝えてくれている大切なメッセージです。

33の習慣

センタリングする

ワンポイント 「よい・悪い」をつけない。自分を責めない。他人を裁かない。

どちらにも偏らない、「真ん中・中庸・ニュートラル」を意識しましょう

「センタリング」とは、「真ん中（センター）に居続けること」という意味で、私が好んで使っている言葉です。

単なる「成功」ではなく、**本当の意味で「成幸」するためには、この「真ん中に居続けること」を習慣にしていない限り、達成することはできません。**

二元論の世界に生きる私たちは、なんでも二つに分けて考える習性が身についています。

「大きい・小さい」「多い・少ない」「高い・低い」「成功・失敗」「戦争・平和」「正しい・間違い」「ポジティブ・ネガティブ」「光・闇」などなど。

そうやって、なんでも二つに分けた上で、すべてに「よい・悪い」をつけよ

うとします。「大きい」は「よい」、「小さい」は「悪い」、「ポジティブ」は「よい」、「ネガティブ」は「悪い」、「成功」は「よい」、「失敗」は「悪い」など。

それをなんの疑いもなく、当たり前のこととして、私たちは受け入れていますが、果たして本当にそうでしょうか？　本当に、「大きい」ことはよいことなのでしょうか？　「ポジティブ」はよいことに間違いないのでしょうか？「失敗」は、本当は「悪い」ことなのでしょうか？


確かにポジティブ思考のメリットはわかりますが、あなたはずっとポジティブ思考を続けられるでしょうか？　そこに無理はありませんか？　ネガティブな考え方に陥ることはありませんか？　ネガティブな面をもっていない人など、はたしてこの世に存在するのでしょうか？

「成功」を追い求めるのも悪くありませんが、「成功」だけの人生なんて、本当におもしろいと思いますか？「失敗」があるから、「成功」が際立つのではありませんか？　見方を変えれば、**「失敗」とは、「成功の前半分」「サクセスストーリーの前半部分」に相当しているのではないでしょうか？**

ではそれを「失敗」と呼んでもいいのでしょうか？

残念ながら、「よい・悪い」を決めつける二元論的な考え方を習慣にしている限り、本当の意味で「成幸」することはできません。この世に絶対的に「よい」ことも、絶対的に「悪い」こともありません。どんな現象にも「よい」部分もあり、「悪い」部分もあるのです。すべては私たちの見方によるものであり、**この世に絶対的な「よい・悪い」などは存在しないと知ることです。**

「成功」を強く求めれば求めるほど、同時に「失敗」も色濃く浮かび上がってくるのは避けられません。ネガティブを否定して、ポジティブだけを追い求めようとすればするほど、ネガティブのパワーも強くなって、エネルギーのバランスをとるような現象が必ず起こるのです。

これを「恒常性（ホメオスタシス）」と呼ぶのですが、**「すべてのエネルギーはバランスをとる方向性で働くことになる」**というのも、まぎれもなく、とても大事な宇宙の法則のひとつに他なりません。

ポジティブであろうが、ネガティブであろうが、「偏っている」という点では同じです。ですから、本当に人生で「成幸」しようと思うのなら、「成功」だけを……、ポジティブだけを追い求めないことです。

ポジティブな成功だけを追い求めてしまうのは、「偏っている」だけです。偏っている状態のまま突き進むと、結局、元に戻そうとする逆のチカラが働いて、強制的に「真ん中」に戻されることになるだけです。

であれば、最初から「真ん中」に居ればよいのです。「真ん中」に居ても、「成功」することはできます。イエ、「真ん中」にこそ、真の「成幸」があるのです。

本当に「成幸」したいのなら、「真ん中・中庸・ニュートラル」の生き方、考え方、感覚を習慣として身につけることです。常に「真ん中・中庸・ニュートラル」を意識することこそ、「最高の運命を引き寄せる習慣」そのもの。これこそ、真の「成幸」へと至る王道（ゴールデンルート）に他なりません。

「真ん中」に居続けるために重要な習慣とは、「いつでも、どんな時でも、自

分を責めない、他人を裁かない。すべてに良い・悪いをつけない」。

これに尽きます。

「いつでも、どんな時でも」です。「すべてに」です。例外は一切ありません。

この見方・考え方を習慣にすることは、**「目の前の現象をジャッジせず、あるがままに受け入れる」「ネガティブな自分も、ポジティブな自分も、どちらの自分もあるがままにまるごと、受け入れる」**ということです。

いつも、いつでも、どんな現象を見たり聞いたり、経験したとしても、このスタンスを常に忘れないこと。それが「センタリング」という習慣です。

「センタリング」という、「最高の運命を引き寄せる習慣」を身につけられれば、今まであなたの見ていた世界が１８０度、完全に変わることでしょう。

▼おわりに

ここまで、31日のカレンダーに沿って、1～33までの「最高の運命を引き寄せる習慣」を紹介してきました。この33個の習慣の中には、あなたがすでに、習慣にしているものもあったことでしょう。

一つひとつの習慣自体は、それほど目新しいものはなかったかもしれませんが、本書のポイントは、ふたつ……。

「習慣の順番」と、「日にちによって、最適の習慣がある」という点。

習慣に「数字」のパワーを取り入れることによって、それぞれの習慣が「流れ」の中で、より効率的に身につくように設計されています。これがまさに「最高の運命」を引き寄せるヒケツとなるのです。

人生を創造する道具（ツール）は三つ。「意識（想い）、言葉、行動」です。

「意識（想い）」は、樹で言うところの「根っこ」に当たる部分です。「言葉」は「幹」であり、「行動」は「枝葉」に当たります。多くの人が求める、成功や幸せ、豊かさなどは、その先にある「花」や「実」に当たると言えるでしょう。
しかし、そうした「花」や「実」だけを安易に求めようとする姿勢には無理があります。「根っこ」や「幹」「枝葉」の部分を変えずして、「花」や「実」だけが勝手に変化するハズはありません。

本書は、成功や幸せという人生の「花」や「実」に直結する「枝葉」の部分に当たる、「行動（＝習慣）」についてまとめたものです。「行動・習慣」という名の「枝葉」は、成功や幸せという「花」や「実」にダイレクトに直結していますから、手応えを感じやすく、即効性があるのです。

今の自分を見て、「できる」「できていない」で価値判断したり、評価するのはやめましょう。それは「33の習慣：センタリングする」に反します。大切なことは、現在の状態で「よい・悪い」と判断することではなく、これからの「ベクトル・方向性」です。**人生の成功や幸せという方向性に向かって、日々努力しているという「ベクトル」が何より大切なのです。**

「ただ、いま、ここ」がスタートです。

たとえ、ひとつでもいいのです。三日坊主でもかまいません。ひとつでも、一度でも習慣にできれば、それだけでも、あなたの人生は確実に「成幸」に向かって近づいているのです。あなたが、その「ベクトル・方向性」を目指して、歩むことを止めなければ、決して後退することはありません。

大丈夫、安心して、あなたのペースで進んでください。

これらの習慣を取り入れることによって、あなたの人生が少しでもより自由に、より豊かに、より幸せになれば、著者としてこれ以上の喜びはありません。

私はあなたの人生をこころから応援しています。
私はあなたの人生を100%、信頼しています。
あなたの身の上に、すべての豊かさが雪崩の如く、降り注ぎますように。
こころよりの感謝を込めて……。深謝！

はづき虹映

著者紹介

はづき虹映（はづき こうえい）

作家。1960年生まれ。兵庫県出身。関西学院大学・経済学部卒
大手百貨店で販売促進業務を担当。輝かしい実績を上げて独立。広告代理店・企画会社を設立し、順調に業績を伸ばすが、95年の阪神・淡路大震災をキッカケに、「こころ」の世界に目覚める。なかでも精神世界を探求する過程で出会った、古代ユダヤの智慧「カバラ数秘術」をもとに、大胆な独自の編集を加えた、運命診断法として「はづき数秘術」を確立。2万人以上の個人診断カルテを作成し、「コワイほど当たる!」と話題に。
現在は経営コンサルタント業と並行して、おもに「占い」「スピリチュアル」「自己啓発」の分野を中心に精力的に執筆活動を続けている。『2週間で一生が変わる魔法の言葉(じゅもん)』（きこ書房）『お金に愛される魔法のお財布』（永岡書店）『誕生日占い』（中経の文庫）『すごい片づけ』（河出書房新社）など、数多くのベストセラーを生み出し、著作累計は70冊以上、190万部を超えるミリオンセラー作家である。
（2016年5月現在）

参考文献

- 『のうだま――やる気の秘密』（上大岡トメ、池谷裕二著　幻冬舎刊）
- 『100%幸せな1%の人々』（小林正観著　KADOKAWA刊）
- 『答』（軌保博光著　クラブサンクチュアリ刊）
- 『ハワイに伝わる癒しの秘法みんなが幸せになるホ・オポノポノ』
（イハレアカラ・ヒューレン著　徳間書店刊）
- 『マンガでわかる上司と部下の職場系心理学〈新装版〉』
（ナカタニD著、衛藤信之監修　実業之日本社刊）

中経の文庫
最高の運命を引き寄せる習慣
2016年8月13日　第1刷発行

著　者　はづき虹映（はづき こうえい）
発行者　川金正法
発　行　株式会社KADOKAWA
〒102-8177 東京都千代田区富士見2-13-3
0570-002-301（カスタマーサポート・ナビダイヤル）
受付時間 9:00～17:00（土日 祝日 年末年始を除く）
http://www.kadokawa.co.jp/

DTP ニッタプリントサービス　印刷・製本 暁印刷

落丁・乱丁本はご面倒でも、下記KADOKAWA読者係にお送りください。

送料は小社負担でお取り替えいたします。

古書店で購入したものについては、お取り替えできません。

電話049-259-1100（9:00～17:00／土日、祝日、年末年始を除く）

〒354-0041 埼玉県入間郡三芳町藤久保550-1

ISBN978-4-04-601702-4　C0114